維新と興亜

道義国家
日本を
再建する
言論誌

令和6年
1月号

【第22号】

学研究会・
ジア研究会
同編集

題字
柳田泰山

維新と興亜

令和六年一月号

中東情勢と日本人

【巻頭言】わが国は偽情報・世論工作に耐えられるか

令和六（二〇二四）年には台湾総統選、インドネシア大統領選、ロシア大統領選、インド総選挙、欧州議会選、米大統領選など大型選挙が続く。そこで懸念されるのが、選挙における偽情報・世論工作だ。

令和五年二月、偽情報の拡散や世論操作を専門に請け負うイスラエル企業「Team Jorge」が、世界各地の大統領選挙などに干渉してきたことが明らかになった。同国の元特殊部隊員のタル・ハナン氏が率いる同社は、アフリカや東南アジア、欧州、南米などの三十以上の選挙で世論工作を展開してきた。同社は特殊なソフトウェアを用い、X（Twitter）、Facebook、TikTokなどの偽アカウントをコントロールしており、架空の人物（アバター）は四万件に上るという。

同社はまた、平成二十八（二〇一六）年の米大統領選や英国の欧州連合（EU）離脱をめぐる国民投票で世論操作に関わった疑いが持たれ、その後破産した英コンサルティング会社「ケンブリッジ・アナリティカ」とも協業していた。

選挙だけではなく、戦争の際に偽情報が与える影響は特に深刻だ。イスラエルとハマスの紛争でも双方が熾烈な情報戦を繰り広げており、ゲームや過去の紛争の画像などを利用した偽動画も溢れている。「ハマスによって四十人の赤ちゃんが斬首された」といった偽情報も流された。

一方、日本国内の政治をめぐっても、偽画像・偽映像が拡散されるようになっている。岸田文雄首相の声を生成AIで再現した偽動画も問題になった。Xでは、アカウント「Dappi」が自民党や維新の会などを称賛する一方で、立憲民主党や共産党などに対しては攻撃的な投稿を繰り返していたが、立憲の小西洋之、杉尾秀哉両参院議員が、「Dappi」に投稿していた「ワンズクエスト」と同社社長らに損害賠償などを求めた訴訟を起こした。東京地裁は、令和五年十月十六日に同社と社長らに計二百二十万円の支払いと投稿の削除を命じる判決を出している。自民党が「ワンズクエスト」の主要販売先の一つだったことから、自民党の関与も疑われている。

いずれにせよ、我々はいま海外発の偽情報と国内発の偽情報に翻弄される状況に置かれている。総務省の調査によると、日本でインターネット上のメディアで偽・誤情報を週に一回以上見かけた人の割合は約四割に上る。しかも、生成AIの普及により、誰もが高精度の偽画像や偽映像を簡単に作製できるようになった。いまや偽情報にプロも騙される時代だ。例えば、令和五年五月には、「米国国防総省が爆発した」という偽画像が拡散され、インドの主要テレビ局が誤って報じる事態が発生している。今回の「ガザの病院爆発」についても、ハマス側の情報をもとに主要メディアは「イスラエルが空爆」と一斉に報じた。

政府も偽情報・世論工作に対する対策を強化している。内閣情報調査室が司令塔となり、外務・防衛省などが外国からの偽情報を積極的に収集し、明確に打ち消していくという。また、マスメディアによるファクトチェックの強化も必要だ。しかし、ファクトチェックは偽情報との「いたちごっこ」にしかならないとの指摘もある。こうした中で、重要なことは、日本人一人一人が偽情報・世論工作に対して強くなることではないか。

ブルガリアのNGO「オープンソサエティー・インスティテュート」が令和四年に、四十七カ国を対象に、偽情報に対する耐性が調査したところ、フィンランドが一位で、日本は二十三位だった。フィンランドが誤情報に対する耐性が強いのは、偽情報についての教育に力を入れてきたからだ。同国では幼稚園から偽情報について教えている。中学校では、大半の科目の中にメディアリテラシーを向上させる課題が組み込まれている。わが国もフィンランドに学ぶべきではないか。

（坪内隆彦）

千葉県議会議員　折本龍則

先般の12月19日、千葉県の12月議会で「多様性尊重条例」が可決成立した。多様性と聞くと何のことやらよくわからないが、本条例の正体はＬＧＢＴ尊重条例であり、千葉県版のＬＧＢＴ理解増進法である。しかも厄介なのは、ここでいう多様性の対象には「国籍や文化的背景の異なる人々」、つまり外国人や特別永住者なども含まれるので、外国人参政権にも絡む条例だということだ。熊谷知事の選挙公約であり、今年に入ってから急に動き出した。

　採決の当日は、多くのメディアや傍聴者が詰めかけた。私は反対討論を行い最後まで議員への説得を試みたが、採決の結果は、95議席のうち反対したのは私と自民党の中村実議員、共産党のみであり、自民党の議員が9名退席（棄権）、一人欠席、それ以外は全員賛成であった。自民党は単独会派で50議席を占めるが、本条例には会派として賛成の決定をしたため大部分の議員が賛成した。結果的に、今年6月に国会で可決成立したＬＧＢＴ理解増進法と同様に、保守政党を自称する自民党が伝統破壊の条例を通してしまった。

　私は用意した討論の原稿で以下の七点を反対理由に挙げていた。

　すなわち第一に、本条例の策定プロセス自体が多様性に反していることである。9月に実施したパブリックコメントでは大多数が懸念と反対を示したにも関わらず、熊谷知事は県民の多様な声を無視した。

　第二に、女性や子どもの権利が侵害されかねないことである。

　第三に、ＬＧＢＴ理解増進法でも問題になった「性自認」の文言を入れたことである。

　第四に、皇室中心の家族国家の伝統と国柄を破壊することである。

　第五に、外国人との安易な多文化共生論や移民受け入れの是認につながることである。

　第六に、少子化対策の時代的要請に逆行していることである。目下の千葉県に必要なのは「家族尊重条例」である。

そして第七に、単なる理念条例には止まらないことである。詳細は是非ＱＲから討論の全文をお読み頂きたい。

実際の討論では、10分以内と定められた制限時間を過ぎてしまったが、意を決して続行した。このため議場は私の討論を止めようとする議員たちと、討論の続行を支持する傍聴者の間でヤジと怒号が飛び交い騒然とした。私は議長による再三の制止に従わなかったためマイクを切られ、結局途中で打ち切りとなった。閉会後、議長室に呼び出され議長から口頭で厳重注意を受けた。超過した分の議事録も削除されることになった。議長には、ルールを守らなかったことを真摯にお詫びしたが、日本の存亡に関わる条例案への反対討論をたった10分以内で終わらせることは出来なかったのだ。

本稿の最後に、演説の最後でヤジにかき消されてしまった一節を掲げる。

「議員の皆さん、本条例の本質はＬＧＢＴ尊重条例であり、千葉県版のＬＧＢＴ理解増進法です。国会では傲慢な米国大使の内政干渉に議員が屈服し、ろくに審議もしないで法案を通してしまいました。しかし本議場におられる議員の皆様は、吹けば飛ぶような国会議員とは異なり地元の伝統に深く根付いておられる方々ばかりです。その様な先生方がこのような伝統破壊の条例案に賛成をしてしまったら日本はどうなりますか。偉大な祖国の伝統を守りぬいた先人たちに顔向けができますでしょうか。日本の将来を担う子どもたちや後世の子孫に後ろ指を指されるような事はないと胸を張って言えますでしょうか。どうか各議員の皆様が、党派や会派の論理に囚われず、自己の良心に従い、日本のために勇気ある賢明な判断を下されますことを切にお願い申し上げます。」

昨年、県議会で「性自認」の文言を入れた「性の多様性尊重条例」を制定した埼玉県では、すでに学校で偏った性差否定教育が行われている。今後本県でも、本条例に基づいてどのような施策が行われるのかを厳しく監視していく所存だ。

【時論】既成政党など必要なのか

本誌副編集長　小野耕資

政党政治こそが今の堕落した政治の元凶である。前原誠司氏が新党「教育無償化を実現する会」を立ち上げた報道を見て改めてそう思った。前原氏の同党は、国政政党にもかかわらず、党名が「教育無償化を実現する」と狭いワンイシューを謳っており、まるで会派のような状態となっている。教育無償化自体はやればよいとは考えるが、憲法など国の根幹にかかわる事柄ならいざ知らず、国の中心とはいいがたいことで政党を結党するのは違和感が残る。NHK党以来ではないだろうか。前原氏は維新の会とも近く、教育無償化は維新の会が掲げていた政策でもある。そうしたことから維新の会に合流するとの噂が絶えない。あえて別政党を結党することで政党助成金を手土産に維新の会に行くことができる。なんとも不誠実であり、国民民主党の玉木雄一郎代表でなくとも、「政治家が自分の就職活動で次の選挙に向けて政党交付金をもらうためにやっているのではないかという批判は免れない」と恨み節を言いたくなるのも当然だ。

そして問題はこれだけではない。自民党安倍派と二階派が、パーティー券の販売ノルマを超えた分を議員側に還流しながらも政治資金収支報告書に記載せず、裏金を組織的につくっていた疑惑が報じられたのである。この件で、安倍派の塩谷立座長は「キックバックはあった」とあっさり認めたのにも驚かされた（数時間後撤回）。本件に関しては検察も動いている。検察組織はどちらかと言えば権力に忖度しがちな行動を過去にしたこともあったが、本件に関しては調査する姿勢を見せており、徹底的に膿を出し切ってもらいたいものだ。

政党政治、そして議員内閣制は都会からも田舎からも議員を輩出し、国全体からの意見を吸い上げる意図をもって制度が作られていた。だが昨今では大都市集中により地方部の戦局が極大化したり、自身は東京出身の二世、三世議員が地元の事情も知らないくせに、先祖の選挙区に選挙の時だけ乗り込んで当選を重ねる事例も増えている。また、自民党においては、公認権を党中枢が強く握る体制としたために、地方からの意見を吸い上げるのではなく中央の意見を地方に押し付ける状態となっていることも由々しき問題である。

数年後には第二次世界大戦から八十年を迎える状況でもあり、対流しない組織は腐敗を極めているのが昨今の先進国の状況ではないだろうか。その中で新たな動きもみられる。例えば米大統領選では、民主党候補指名を目指していたロバート・ケネディ・ジュニア氏が無所属に切り替えて大統領選に出馬する方針を明らかにし、一定の支持を集めている。日本の政界に戻っても、自民党が「増税メガネ」岸田政権の無為無策により没落しているにもかかわらず、野党も体たらくであり、「自民党は嫌いだが、立憲民主党にはもっと投票したくない」という民意は根強くある。週刊誌がおこなった「次に政権を取ってほしい党」でも一位は「自民党」であり、その理由は「自民党も相当酷いけど、それでも他の党が政権を取るよりはまだマシだろうから」であった。面白いことに積極的に「自民党が政権を取るべき」という回答は一つも掲載されておらず、自民党への支持意見はすべて「消極的選択により自民党」という内容であった。カネの流れなど政治への不満は蓄積しており、選挙は「大政党に所属すれば勝てる」というものでもなくなってきている。既成政党の利害に負けず、国民のために本気で政治に取り組むことをメッセージとして発信できれば、いい勝負に持っていくことも途方もない夢ではなくなってきている。

２０２４年は世界中で選挙が行われる「政治が動く年」になる。先述の米大統領選然り、台湾、インド、ロシアなど各国で政治の真価が問われ、その結果により外交が大きく揺れ動くことになる。場合によってはウクライナ、パレスチナに続く第三の戦争が勃発しかねない火種を抱えながら、世界の政治は動いていく。政治に元来必要なのは国民への愛であり、そのために国をまとめ、体を張る覚悟である。そうしたことができる政治家を国民は待望している。政界に擦れた手練手管など無用の長物だ。そんな目先の利得では、人は本気でついてこない。既成政党の枠を超えた真に日本を愛するリーダーよ出でよ。

中東情勢と日本人

パレスチナ情勢が緊迫している。２０２３年10月7日にハマスがイスラエルに攻撃を開始して以降、イスラエル側も激しい攻撃で応酬し、双方に多数の死者が出る惨事となっている。

だが、歴史を遡れば10月7日以前からパレスチナ自治区は「天井のない監獄」とも呼ばれるほど凄惨な状態になっていた。日本はＧ７の一員として、欧米のことばかりを見て、中東に目を向けてこなかったのではないだろうか。そもそもイスラエルは第一次世界大戦におけるイギリスの「三枚舌外交」に端を発してできた国だ。イギリス、そしてその後を継いだアメリカはそのご都合主義でできたイスラエルを擁護してきた。１９８７年にパレスチナ人による大規模な大衆蜂起であるインティファーダが起こされ、ハマスも結成されるが、その間もイスラエルは入植を続け、欧米に追従する日本は見て見ぬふり

をし続けた。２００６年にハマスはパレスチナでの選挙に勝つが、その結果も無視した。既に限界を超えていたにもかかわらず、パレスチナ問題にアメリカの意向に逆らった形で介入しようとしなかったことが、今回の戦争を招いた一因ではないだろうか。パレスチナ自治区とイスラエルを和平に導くと称した「オスロ合意」以降の情勢は、パレスチナの祖国を奪われる時間を引き延ばす都合に使われたに過ぎなかったのである。

中東には伝統的に親日的な国が多い。満川亀太郎ら戦前の日本人は、中東情勢にも目を向け、発言していた。それは決してユダヤ人差別ではない。満川自身が反ユダヤ論に批判的だったことが、その一つの証である。イスラエル建設のイデオロギーであるシオニズム批判とユダヤ人差別は分けて考えられなければならないのだ。

そしてマスメディアから流れる情報は、あまりにもアメリカやイスラエルに片寄ったものばかりではないだろうか。品のないイスラエル擁護論も散見される。対米従属、対米追従の一例が、ここにも顔をのぞかせているのである。

シオニズムを批判せよ

東京経済大学教授　早尾貴紀

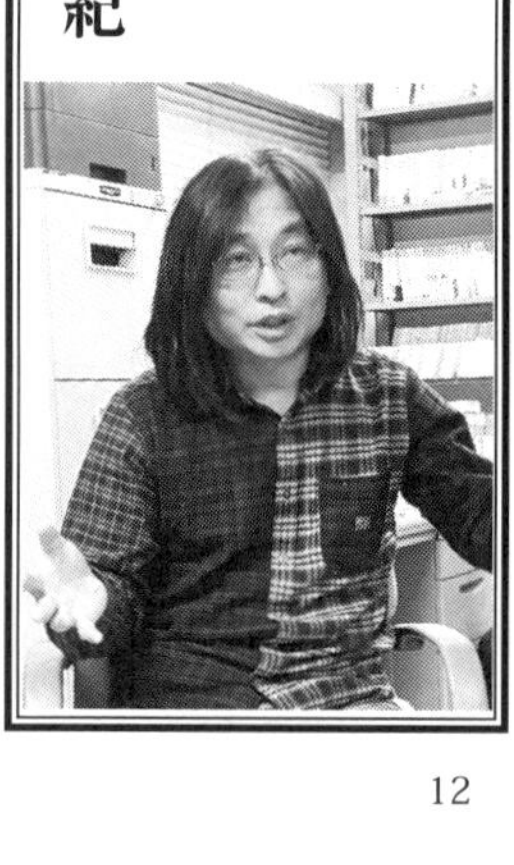

パレスチナの反抗はテロ行為か？

――２０２３年10月７日のハマスの攻撃以降の情勢についてどうお考えですか。

早尾　イスラエルがパレスチナを恒常的に収奪する中で、ハマスがイスラエルに反撃したらフレームアップされてしまった面があります。大手メディアは「イスラエルも悪いがハマスも悪い」といった両論併記的スタンスを取っていますが、10月７日以前からの収奪、虐殺を見なければいけません。

　イスラエルが２００８年以降恒常的にパレスチナとりわけガザ地区に対して空爆や陸上侵攻によって日常的に攻撃を加え、封鎖による困窮を意図的に作り出し、かつインフラを狙い打ちするような形で、水道や発電所や、下水施設、道路、通信関係等のインフラを狙うことで、意図的に生活が不可能になるような状況が作り出されています。10月７日のハマスの攻撃以前から、極限状態になっていたと認識しています。

　ガザ地区はフェンスで封鎖され、物流も制限された巨大監獄と化し、パレスチナ人のデモには日常的にイスラエル軍のスナイパーによる容赦ない攻撃が加えられ、それを止める動きは国際社会にも少ない状況下でとうとう爆発したのが10月７日のハマスの武装蜂起だと見ています。このことの効果や是非の評価とは別に、国際社会が、パレスチナの抵抗運動を追い込んできた結果だと思います。

　それ以前から、パレスチナでは政治交渉も、平和的なデモもありましたが、それを全部潰してきた結果が今回の事態をもたらしたと考えています。そんな中でハマスが攻撃したら「平和の敵」、「テロリスト」などといって、報復攻撃を加えるのは非常に理不尽だと思います。また、こうした迫害の歴史に触れない「どっちもどっち」論はイスラエルによる虐殺の隠蔽に等しい行為だと思います。

―― 日本の政界の反応についてはどう考えておられますか。

早尾 岸田首相、上川外務大臣等の動きはG7のイスラエル支持の流れに乗っかったものです。日本が見ている国際社会は、要するに欧米社会でしかない。しかしそれは、アジア・アフリカ・ラテンアメリカの国々も含めた全体を見てみれば少数派でしかない。むしろ孤立しているとすら言ってよい。国連総会で圧倒的多数で可決されたヨルダン提案の停戦決議に反対したのはG7とその仲間のごく少数の国だけです。日本は相変わらず欧米崇拝をして、欧米イコール国際社会だとみている結果だと思います。

日本はむしろ中東と関係が強かったはずです。石油資源のことがあり、中東とは良好な関係を維持しなければならないという意識がかつてはありました。また、中東の方も日本は英米のような帝国主義的介入を行う悪い国ではないという認識で、親日的だと言われるわけです。それは戦前の日英同盟による、インド以西は大英帝国の権益を、東アジアにおいては日本の権益を尊重するという取り決めによるので日本も無罪とは言えないのですが、とはいえ日本は中東に悪いことをしていないというイメージがあったはずです。

日本はイスラエルへのシオニズム批判をきちんとしてきたわけではないですが、しかし、イスラエルにべったりすり寄るようなことはしなかったはずです。それが冷戦以降、特に湾岸戦争以降の対米追従によりそのイメージも崩れつつあります。

左右のアジア主義とパレスチナ問題

―― 左右問わず戦前から、アジア主義者は民族解放、植民地解放を掲げていて、第三世界の運動の一環として、パレスチナ問題もリンクさせて考えていました。そうしたパレスチナへの共感意識が左右問わず薄れてしまったのでしょうか。

早尾　そう思います。国益に基づく石油をベースをとした中東との関係を重視する視点や、反植民地主義的闘争も１９７０年代、80年代まではあったと思います。そういう意味では中東やパレスチナに一定の理解と支持意識がありました。

しかしそれに関しては、日本国家としては中東やパレスチナの固有の文脈に寄り添う形ではなく、戦前も戦後も列強の一員としてしか関わりようがなかったことについての反省は右も左も弱かったと思います。日本赤軍も、国内での革命運動に挫折して海外に活路を求めただけのことでした。

60年代にＰＬＯが結成されて70年代にパレスチナの解放闘争が盛り上がりながら、一方ではオイルショックがあり、本当の意味で主体的な、覇権的でない形での中東やパレスチナへのかかわり方ではなかったと思います。そういった意味で思想的な足腰が弱かったと言わざるをえません。

それゆえ、90年代にパレスチナをダメにする「オスロ合意」を手放しで支持してしまいました。１９８７年にパレスチナ人による大規模な大衆蜂起であるインティファーダが起こされ、ハマスなどの団体も設立されますが、これをうまく治めるためにパレスチナ人に対して自治を認め、自治区とイスラエルを共存させる宣言が１９９３年の「オスロ合意」でした。しかしそれはパレスチナの解放闘争をダメにする罠のようなものでした。パレスチナの自治が行われている間も、イスラエルの入植は続けられました。パレスチナにとっては和平に名を借りて祖国の土地を奪われていく時間でしかありませんでした。これに対する根本的な批判意識がほとんどの人にありません。

多様なルーツを持つユダヤ人の問題

――　早尾先生はご著書でユダヤ人のアイデンティティの問題にも触れていらっしゃいます。

早尾　なぜイスラエルという国はここまで攻撃的なのだろうかと考えた時には、ユダヤ人のアイデンティティに対する考察も必要だと思っています。

第一には、イスラエルという国を支えているシオニズムというイデオロギーが、ヨーロッパ中心主義に乗っかっているという問題があります。イスラエルはヨーロッパ出身のユダヤ人たちが、ヨーロッパの利害を背負って入植して作った国です。中東地域に対する介入をしながら、同時にヨーロッパ内部のユダヤ人差別を解決できないので外に押し付けてしまおうというのが、シオニズム運動なわけです。

一方で、「ユダヤ人」ということは、定義としてはユダヤ教徒なわけです。これは本来人種的な規定ではありません。ヨーロッパには宗教文化が伝わった形でユダヤ教徒がいる。でも、キリスト教もパレスチナで発生したものが伝わったわけで、別にヨーロッパで発生したわけではありませんから、それと同じように、ユダヤ教も宗教文化が伝わる形で、ユダヤ教コミュニティがヨーロッパや中東の随所にあるわけです。アラブ世界で言えば東はイラクから西はモロッコまで、さらに非アラブ世界も含めればトルコやイラン、エチオピア、インドにまでも広がっています。

アラブ世界の旧市街はどこでもキリスト教の教会とともにユダヤ教のシナゴーグとイスラムのモスクがある等、ユダヤ教、キリスト教、イスラムであるだけの違いで、同じアラブ人なわけです。その人たちは、アラブ系のユダヤ教徒、ユダヤ教徒のアラブ人と言ってもいいはずだったのに、突然ユダヤ人国家イスラエルは、その人たちに対して、「お前たちはユダヤ人であってアラブ人ではない」とアイデンティティを分断したわけです。その上で、人種的にユダヤ人なんだという」刷り込みをして、ユダヤ教徒に対して「イスラエルにユダヤ人国家を支えるべく結集せよ」と、かき集めるように連れてきて、パレスチナ人に対して、ユダヤ人として敵対するよう煽ったわけです。

シオニズム以前には、同じアラブ人で、宗教的にも歴史的にもゆかりのあるユダヤ教、キリスト教、イスラムとして共存していたものを、「ユダヤ教徒だけは人種的に違う」と言ってアラブ人と全く異質で敵対的なものとして規定されて、パレスチナのアラブ人たちと敵として向き合わせられているという、本当におかしなことが起きてしまいました。つまりヨーロッパ人の都合で、ヨーロッパの帝国主義、植民地主義と、人種差別のためにユダヤ人なる実態が中東で作り出されてしまったことになります。

――歴史的理解では、「ヨーロッパのユダヤ教徒を中東に結集させる」という目的で始まりましたが、思ったより中東に集まらなくて、アラブ地域からユダヤ教徒をかき集めたという経緯があります。

早尾　そうですね。思ったよりも集まらなかったことか、あるいは想定以上にホロコーストでヨーロッパのユダヤ人人口を減らされてしまったこととか、いくつか理由があります。

純粋なユダヤ人だけの国家を目指すような方向にしてしまったが故に、先住パレスチナ人との人口競争をするわけです。先住パレスチナ人の人口の方が多い中で、外から入ってくるユダヤ人たちでその人口を圧倒するためには、多くの入植者をかき集めなければいけなくなりました。そして同時進行で先住パレスチナ人を追放しなければいけなくなります。最初のシオニズムの理念を背負ったナショナリストがシオニズムのリーダーシップを握っていくわけですが、ユダヤ人口数確保のためにかき集められてきた人たちは、ホロコーストの生き残りとか、あるいは建国後は中東世界のユダヤ教徒たちで、意思に反してでもかき集められました。

ホロコーストサバイバーたちには、戦後もヨーロッパの反ユダヤ主義はなくなったわけではないという恐怖があります。だから第二次大戦が終わっても避難しなければいけなかったということと、アラブ世界のユダヤ教徒たちに対しては、元来長い共存の歴史があったにもかかわらず、ユダヤ人とアラブ人の間に緊張関係が作り出されてしまって、さらに「アラブ人たちが反ユダヤ人感情を高めて攻撃してくるから大変な目に遭うぞ」と、その緊張を煽って実際に爆弾事件等も起こしたという記録があります。その上で、イスラエルに来なければ危険なんだ、イスラエルに来なければダメなんだという流れを作って、アラブ世界の中にも本来あった宗教共存の伝統文化を破壊してしまうという罪深いことが起こりました。

――早尾先生のご著書では、アラブから連れてこられた人たちが、かえって反パレスチナの考えも持たされてしまっていることにも触れられています。

早尾　アラブ世界にルーツを持つパレスチナ人は、「自分たちはアラブ人ではなくユダヤ人なんだ」という過剰なイデオロギーと、過剰な行動が求められるわけです。ユダヤ人として認められたいと思った時には、アラブ人であることを徹底的に否定しなければいけない状況があります。民族的マイノリティが、その出自を隠す時にマジョリティに過剰に適合しようとする傾向はイスラエルに限らずあります。

その意味でマイノリティほどパレスチナに対する強硬的な姿勢を持ちがちで、それがリクードなどのイスラエルの右派諸政党の支持傾向に繋がっています。ベングリオン以来建国当初政権を握っていた労働党政権に対する強硬派が、リクードです。最初にリクードが政権を取ったのは1977年、首相になったメナヘム・ベギンは建国前はお尋ね者のテロリストとさえ言われた過激な闘士だったわけです。今のネタニヤフは、そのリクードの党首ですから、その流れにあるということです。そのリクードの支持基盤になるのが、支配階層にはなれなかった人たちで、アラブを否定しなければいけないというところに追い込まれている人たちです。ヨーロッパルーツのシオニストたちは、エスタブリッシュメント、支配層をなしているので、余力があるゆえに、政治交渉でも中心にいて、だから和平派、ハト派などと言われ、リクードがタカ派などと言われますけれども、それは短絡的だと思います。

―― ネタニヤフが、「これは西洋文明を守る戦争だ」という発言をしましたが、この発言はどう理解すればよいでしょうか。

早尾　本音に近いものだと思います。そういう風にシオニストは自己規定をし、自分たちの戦いは、ヨーロッパのためでもあるという形で西欧世界からの支持を得ようとしているということですね。シオニズムという思想自体がヨーロッパ由来のものですし、イスラエルという国が欧米の強い利害を受けて作られたという経緯からしても、本音なんだと思います。ですから、西欧中心主義にしがみついているということができると思います。

高まるシオニズムへの批判

―― 早尾先生はイラン・パペ氏のエスニッククレンジング論を翻訳されています。

早尾　イスラエル建国には暴力が伴っていたし、先住民の排除もともなっており、加えて、ユダヤ人のルーツにも多様性があってユダヤ教徒とはいえないバックグラウンドの移民もいて、外国人労働者もいる等、一定の多様性を認めるポストシオニズムがオスロ和平の雰囲気にも合致して流行したことがありました。

ただ、それは、ガチガチのシオニズムよりは少し緩めた程度の、若干多様性を認め、自分たちの背後にある暴力性、ユダヤ人の中にある多様性を認めるということでしかありません。シオニズムを現実の歴史や現状に合わせて、若干修正して温存延命しようということが、ポストシオニズムの大きな流れだったと思います。

それに対して、イラン・パペさんは、そのポストシオニズムすらも批判して、もっと原則的に、シオニズムを乗り越えなければいけないという一番ラディカルなスタンスの人です。

イラン・パペさんの『パレスチナの民族浄化』では、イスラエルという国は、徹底的に、組織的に、計画的に、パレスチナ人を排除し、一部を虐殺で脅しながら計画的に追放して、最小限にすることを目指しており、今もそうしたエスニッククレンジングのプロセスにある。だから、シオニズムは、極めて暴力的で、排他的で、危険なもので、それを容認すべきではないというエスニッククレンジング論を展開しています。

――アメリカやイギリスでも、イスラエル批判が高まっています。

早尾　ユダヤ人の中にあるイスラエル批判には大きく二つあって、一つはユダヤ教思想に基づいても、イスラエルがやっている占領や虐殺などの暴力は正当化できないどころか、シオニズムという思想そのものがユダヤ教の神の教えには背く反ユダヤ教的なものであり、イスラエルという国家が宗教的に許されないという、「超正統派」という非常に宗教的な人たちの議論です。

この超正統派の人たちは、自分たちのユダヤ教解釈に照らして、世俗的な権力、ナショナリズムとか、あるいは軍事力とか、そういうものに基づいてうちたてた近代国家は、宗教と何の関係もなく、異教徒に対する攻撃は、絶対に宗教的には許されないという立場です。ガザ攻撃反対だけではなく、パレスチナ解放を訴えているユダヤ教徒たちがアメリカに多いのは、アメリカとイスラエル国内に超正統派のユダヤ教コミュニティがあるからです。

もう一つは、前述のイラン・パペさんなど、リベラルなスタンスから反シオニズム的な発言をする例があります。ユダヤ系のジュディス・バトラーという哲学者は、非常に厳しくイスラエル批判、ガザ攻撃批判、シオニズム批判をしています。リベラルな思想に基づいて、徹底的な人権意識とか反帝国主義、反植民地主義、反レイシズムなどの世俗的な価値観に基づいたイスラエル批判に立つユダヤ人もいます。

シオニズムが一体どういう来歴のもので、イスラエルはなぜこんなに攻撃的な国なのかということを知らないといけません。批判する側が反ユダヤ主義に傾くことは危険だと思います。シオニズム批判と反ユダヤ主義は違います。それこそ、今アメリカでイスラエル批判、シオニズム批判は反ユダヤ主義として禁止するかのような法律が通ったり、英独仏もそうなのですが、イスラエル批判を反シオニズムとして禁止するような風潮に対して抵抗するためにも、シオニズム批判が重要です。イスラエルのやっていることやシオニズムを思想的に批判し、反ユダヤ主義に絡め取られないことが必要だと思っています。

（聞き手・構成　小野耕資）

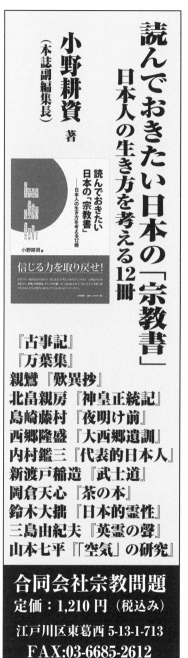

日本がパレスチナになる日

YouTube:「JT3 Reloaded」運営　川口智也

「死の商人」国家

10月7日のハマスのイスラエルへの攻撃を口実に、イスラエルは、今まで行ってきた中で、過去最大規模の虐殺をパレスチナのガザ地区で開始した。世間一般では、「ハマスがイスラエルを攻撃したことに端を発し、イスラエルとパレスチナで紛争が勃発した」と思われているが、イスラエルという国家の性格を知れば、その評価は一変するだろう。

去る11月12日、私は「みちばた」として街宣活動を行っている甲斐まさやす氏とともに、イスラエル大使館前で即時停戦デモを敢行した。その模様や声明文についてはインターネット上に公開しているのでご覧いただきたい。

現在、世界中、そして日本でもイスラエルのパレスチナ人に対するジェノサイドを非難するデモが行われている。しかしそんな中、日本の保守団体や保守系のスピーカーが現場で全く見当たらない。多くの日本の保守派は、イスラエルによってパレスチナで何十年も行われている人権弾圧と戦争犯罪は、遠く離れた中東で起こっていることで、日本の国益には全く関係ないことだと考えているのだろうか。

しかし、イスラエルについてそのような浅はかな考えを持つことは、わが国を護ると誓う国士にとって愚劣極まりないことなのだ。イスラエルは世界の軍事技術を牛耳る「死の商人」国家であり、この国の本質を見ずしてイスラエルを語ることは許されない。

今般のイスラエルのジェノサイドをわが国が見て見ぬふりをすることは、日本の国益、国家安全保障、わが国民の人命・人権まで直接危険に晒すだけではなく、敗戦後残っているわが国民の僅かな尊厳まで奪い去りかねないのである。

世界のハイテク分野を支配するイスラエル

まず、イスラエルの日本に及ぼしかねない脅威を理解するには、そもそもなぜイスラエルは世界中から非難されようが、公然とジェノサイドを行い続ける力があるのかを知る必要がある。

イスラエルは、建国当初から近隣アラブ諸国と敵対してきた。その結果、科学技術の分野で敵対諸国をはるかに凌駕する存在になることが、イスラエルの生存を確固たるものにすると悟った。こうしてイスラエルは、合法、非合法を問わず、軍事科学技術を身に着けることに邁進してきたのである。

1957年に立ち上げられた、イスラエルの元参謀総長ラフィ・エイタンが率いる国家的な科学技術専門のスパイ・プログラムLAKEMを中心に、イスラエルは欧米、特に第二次世界大戦後から現在に至るまで最先端の軍事・科学技術を有するアメリカをターゲットにした激しいスパイ行為を絶え間なく行い、アメリカの最先端のテクノロジーや軍事・核機密を入手することに成功した。そして、それらの違法なスパイ行為が明るみになり、LAKEMが解散せざるをえなくなった後も、当時の国務長官ヘンリー・キッシンジャーの協力を得て1975～1977年に作り上げられたBIRD財団（アメリカ・イスラエル二国間産業研究開発財団）などによって、イスラエルにアメリカが最先端のテクノロジーをシェアすることを法律で義務付けた制度を利用し、合法的に最先端のテクノロジーを盗み続けることに成功した。キッシンジャーのような戦争犯罪者と近しいだけでもイスラエルの凶悪性がわかりそうなものだが、LAKEM解散後もイスラエルの違法なスパイ活動は、現在もアメリカで活発に続けられているのである。

そして、徴兵制度が義務付けられているイスラエルは、ただアメリカのテクノロジーを盗むだけでなく、義務教育を修了するまでの段階で、自国の優秀な人材を「タルピオット・プログラム」というイスラエル軍のエリート訓練プログラム及び通信、電磁波、信号等の傍受と暗号解読を担当するエリート部隊に選抜し、科学分野で卓越したリーダーシップを発揮するサイバー・エリートを軍と国が一体となって養成した。それらのエリート・プログラムや部隊を卒業した元隊員の多くが、何十億ドルもの価値になるハイテク・スタートアップ企業を立ち上げたり、世界中のハイテク企業で使われるハイテク情報機器を開発したりするだけでなく、イスラエルの権威あるテック企業の取締役に抜擢されたり、多くの国際的なＩＴ企業やシリコンバレーで高い地位を占めるようになった。

このような、国を挙げた不断なスパイ行為と国家的な努力が実を結んだのか、イスラエルはいまや世界のあらゆるハイテク分野を支配するようになっただけでなく、アメリカのＮＳＡ／ＣＩＡ／ＤＩＡ／ＤＨＳの契約の大半を、タルピオットや８２００部隊の卒業生が率いる新興企業が管理するようになり、アメリカの民間及び軍事の重要インフラのセキュリティはイスラエルに握られるようになった。これが、超大国であるアメリカでさえ、イスラエルのジェノサイドを止めるための介入はおろか批判すらもできず、イスラエルがパレスチナで民族浄化を行い続けることができる大きな理由の一つである。

日本を戦争やテロに巻き込むイスラエル

アメリカ統合参謀本部が１９４８年3月に作成した書類には、「イスラエルの戦略は、ユダヤ人の目的を最大限確保するための継続的に拡大し深まる様々な活動にアメリカを巻き込むことを模索する」と記録されている。

その言葉を裏付けるようにイスラエルは、ＵＳＳリバティー号事件等のできごとやモサドによってトリポリに密輸された無線送信機を使用して、リビアが西側に大規模なテロ攻撃を仕掛けようとしているとアメリカを欺くためのメッセージを流したりするなど、エジプトやリビアなどの他国がやったと見せかけるテロ行為を幾度もアメリカや西側諸国に対して実行してきた。その結果、日本もイスラエルの戦争に巻き込まれてきた。その最たる例が２００1年のアメリカ同時多発テロ後に起こったイラク戦争である。イスラエル諜報局はイラクの核兵器、生物兵器について誇張、捏造された情報をアメリカとイギリスに提供するとともに、ネタニヤフは２００2年にアメリカ議会でその誤った情報を強く主張した。その結果イラク戦争が開戦され、50万人近くもの命がイラクで失われた。そして日本もイラク戦争に追従し、派遣された自衛官の29人が自ら命を絶っている。

現在世界各国で紛争や大国同士の緊張感が高まる中、イスラエルは、今後イラク戦争以上に重大な被害をもたらしかねない不毛で不利益な戦争に日本を巻き込む危険性を孕んでいるのだ。

中国に軍事技術を提供するイスラエル

近年東シナ海での緊張が高まっているが、イスラエルは少なくとも1979年から現在に至るまで、最先端の民間・軍事の両用テクノロジーを中国に大量に提供し続けている。そのことは「Millitary.com（2013年12月）」、「ニューズウィーク（2017年5月）」、「タイムズ・オブ・イスラエル（2017年3月）」など、世界のメディアにより明らかにされている。

有名な例を挙げるなら、中国のJ-10の戦闘機はイスラエルがアメリカから盗んだテクノロジーを中国に提供したことによって作られた。ちなみに、中国は自国のメンツを保つため、今回のイスラエルのガザ侵攻に対して国連で批判的な声明を出しているものの、イスラエルと国交を絶つ気配は一向にない。

日本と緊張関係のある中国に積極的に軍事支援をする中、イスラエル諜報機関と密接な関係を持つイスラエルのサイバー・セキュリティ企業は、原発や東京ガス、富士通、大日本印刷、防衛費増額により大きな投資を受けるNTTセキュリティを通し日本の防衛にまで進出している。NTTセキュリティは2023年2月の時点でイスラエルのサイバー企業11社と提携を進めていることが明らかになっているのだ。そして9・11の同時多発テロの際にイスラエルのセキュリティ会社は、容疑者やイスラエルの犯罪組織に捜査官の情報や捜査情報をリークして幇助したり、ローガン空港でテロリストを見逃したりしている。このことはイスラエルのセキュリティ会社ではよくあることで、例えばロンドン同時多発テロの時の監視カメラを提供したのもイスラエル企業のベリント社だったが、その時も監視カメラが正常に機能しなかった。イスラエルは、9・11テロとの関係を示す疑惑やエビデンスが数えきれない程あることから、退役海兵隊将校であり元アメリカ陸軍大学戦略研究所の研究部長のアラン・サブロスキー氏などは、『イスラエル諜報機関が9・11を実行した』と公に証言している。

そして、9・11後、イスラエルは国家主導でハイテク業界に情報通信から国土安全保障と監視テクノロジーに転じるよう支援した。その結果、イスラエルの極右政権は、テロや国家間の緊張が高まれば高まるほど儲かる経済モデルを経済・国家戦略の主軸にしてしまった。ちなみに福島原発のセキュリティを担当していたのもイスラエル企業のマグナＢＳＰであった。このことも複数のイスラエルの報道機関が報道している。

世界で戦争やテロが起こるほど経済的にも国家的戦略的にも有利になる仕組みを作り上げたイスラエルが、中国に最先端の軍事技術を提供し続け、日本の重要なインフラや経済的な支柱となる日本の企業のサイバーセキュリティー、果ては国防システムにまで関与してきている。このことは、国防を憂う保守派ほどぞっとすることではないだろうか?

イスラエルは世界の人権弾圧に加担している

イスラエルは、「中東唯一の民主主義」を国家のスローガンとして掲げながら、パレスチナだけでなく世界中の国家が人権弾圧・人権侵害をするのを幇助し、莫大な利益と影響力を得ている。

例えば、中国のウィグル問題である。これは、イスラエルのサイバー・セキュリティ企業のCarbyne社が、中国にウィグル自治区の住民を監視・管理して人権弾圧するのに必要なテクノロジーを提供していることによって成り立っている。このことはユダヤ人の元ＣＢＳの記者によって告発されている。

また、イスラエルは、中国のような独裁国家だけでなく、２０１７年にインドとも兵器取引を結ぶと同時に、世界中で人権とプライバシーの侵害を行ったことで有名なイスラエルのＮＳＯグループ社のスパイウェア『ペガサス』をインド政府に販売した。それらのスパイウェアを購入してから、インドは急速に報道の自由のランクが下がり、今年に入ってからはインドのモディ政権を批判するジャーナリストが不当に拘束されるなど、世界最大の民主主義を誇るインドの民主主義は現在危機的な状況を迎えている。

さらに、イスラエルのサイバー・セキュリティ企業は、中国やインドだけでなく、東南アジア、中東や、中南米、アフリカなど、世界中で独裁者が反体制派や同性愛者を捕まえるのをサイバー・セキュリティの輸出により幇助している。このことは、イスラエルの新聞ハアレツ紙によって明らかにされている。

　そして、最も重要なのは、ユダヤ系オーストラリア人ジャーナリストが書いたベストセラー『パレスチナと言う実験室：イスラエルはいかにしてパレスチナ占領の技術を輸出するのか？』で暴露されているように、世界各国の民主主義を蝕んでいるイスラエルの監視テクノロジーは、全て占領されているパレスチナ自治区に住むパレスチナ人に対して実験されて、それを改良したものが、日本を含む世界中に輸出され、人権やプライバシーを侵害しているという事実だ。

日本の独立のためにイスラエルにＮＯを

　現在、イスラエルは、封鎖されたガザの子ども、女性を躊躇なく虐殺し、パレスチナ人を動物のように扱い、彼らを元の土地から当たり前のように追放し、迫害し、人間として生きる尊厳や希望も平気で奪っている。

　確かに今現在のわれわれの頭上には、ガザのように空から白リン弾が降ってくるわけではない。しかし本稿で示したように、イスラエルは紛争を糧にその存在を大きくしてきた国である。我々がますますデジタル化したスマート社会に向かう中、このような邪悪なシオニストに国防や生活に不可欠なインフラのスイッチを握られているのである。彼らが卑劣な戦争犯罪やテロを行う中、わが国は何もせずに卑屈に彼らの機嫌を取り続けるのだろうか？　わが国の周辺にもイスラエルの軍事デジタル技術を身に着けた国家が新たな戦争を求めて忍び寄っている。これを見過ごすのが、独立した尊厳のある国家、国民の姿といえるだろうか？

「義を見てせざるは勇なきなり」と、このような不正義に日本人として立ち上がり闘うのか？　それとも媚び諂いつかの間の平和を貪るのか？

　日本の真の独立は、あなた方一人一人の選択に掛かっているのだ。

ユダヤ陰謀論と戦った日本人

帝京大学元教授　クリストファー・スピルマン

『シオン長老の議定書』とユダヤ陰謀論

――戦前の右翼やアジア主義者の中には、ユダヤ禍論、ユダヤ陰謀論を唱える人が少なくありませんでした。

スピルマン　日本でユダヤ禍論が広がり始めたのは、シベリア出兵の頃からです。ユダヤ禍論者は、ユダヤ人は世界を支配しようとしており、その目的に到達するためには手段を選ばず、陰謀を謀ると主張していました。

ユダヤ禍論者から見れば、資本主義の発展、自由主義の台頭など、一九世紀から二〇世紀にかけて生じた世界の現象、特に第一次世界大戦中のロシア革命の勃発や、ドイツ帝国の崩壊とワイマール共和国の成立、オーストリア・ハンガリー帝国分裂後の複数の民族国家の誕生などの未曾有の激変は、すべてユダヤ人の陰謀の結果に見えたのです。

やがて、ユダヤ禍論は「過激派討伐」、「赤化防止」の道具として用いられるようになっていきました。ユダヤ人は財界を支配しており、戦争や革命を起こす事によって、伝統的な帝政を破壊しようとしていると喧伝されたのです。

彼らが、資料的裏付けとして利用したのが、『シオン長老の議定書』です。『シオン長老の議定書』の主張は、ユダヤ人は戦争や革命を起こす事によって、ユダヤ人の世界支配という目的の実現を阻んでいる伝統的な帝政を破壊するというものです。『議定書』には一通りの信憑性があり、説得力があるように受け取られました。なぜならば、その予言が悉く当ったかのように思われたからです。しかし、まもなく『議定書』は、ロシアの秘密警察が作った、お粗末な偽造文書であることか明らかにされたのです。一九二一年には、ロンドンタイムズ紙の特派員フィリップ・グレーヴスの調査により、『議定書』は偽造であると証明されています。

そのため、『議定書』は海外では信憑性を失ったにも関らず、日本に紹介されて、一部の日本人に強い影響を与えたのです。東京医科歯科大学の高尾千津子教授が指摘しているように、最初に『議定書』の内容を詳しく紹介し、宣伝したのは樋口艶之助です。樋口は、一九二一年十二月の講演「裏面より見たる西伯利（シベリア）事情」の中で、「猶太人の世界破壊の計画書」に言及しています。

樋口は神田駿河台のニコライ神学校を卒業後、一八九〇年にペテルブルグ神学大学に留学しています。一八九八年に陸軍幼年学校でロシア語が導入されると、樋口は初代ロシア語教授に就任しています。日露戦争の時期には、大本営付のロシア語翻訳者として勤務しています。そして、一九一八年八月にシベリア出兵が開始されると、樋口は一九二一年十一月までの三年三ヶ月にわたり通訳官として活躍しました。

一九二一年十二月の講演で、樋口は第一次大戦を境とするヨーロッパの帝国崩壊がユダヤ人の「策動」によるものだと主張し、唯一残っている大日本帝国がユダヤの攻撃目標となっていると警告しました。そして、ユダヤ人の「国家転覆の計画」として『議定書』の一部を紹介したのです。この講演内容は、北上梅石（樋口の偽名）著『猶太禍』（一九二三年）に収録されています。

樋口のほか、戦前に『議定書』を紹介、翻訳した人物に、四王天延孝（筆名藤原信孝）、酒井勝軍らがいます。四王天延孝は、第一次大戦の際、観戦武官としてフランス軍に従軍し、「ユダヤ人問題」を知ったと自書で明らかにしています。酒井勝軍は、アメリカに留学したプロテスタントの牧師であり、シベリア出兵当時ハルビン特務機関に勤務中、『議定書』を知りました。

こうしたユダヤ禍論者の言説によって、ユダヤ人は日本を破壊するのではないかという危機感が生まれ、第一次世界大戦終結後の経済不況の中で勃発した米騒動や労働者によるストライキなどが、その危機感をさらに刺激し、あたかも『議定書』に書かれた陰謀が現実であるかのように一部の論者に受け取られました。

確かに、陰謀史観の論者が指摘したように、マルクスはユダヤ系ドイツ人であり、ロシア革命に加わった人々の中には、トロツキーをはじめユダヤ人が多くいました。ロシア革命はユダヤ人の陰謀であり、そこからさらに進んで全ての革命はユダヤ人の陰謀であるという解釈は、少なくとも表面的には説得力を持つかのように思われました。

「ユダヤ禍論」に立ち向かった満川亀太郎

——こうした状況の中で、満川亀太郎は「ユダヤ禍論」を明確に否定しました。

スピルマン　満川は一九二五年十月に、行地社の機関誌であった月刊『日本』で次のように述べ、「ユダヤ禍論」を論破しています。

満川亀太郎

「ロシア革命以来宣伝される『ユダヤ禍』の恐怖がある。ユダヤ禍論者の中には、普選運動や難波大助までも、ユダヤの陰謀が操ってゐるものの如く信じてゐる人がある。国家に国是を欠き国民に信念無き時、いろいろな幽霊が取り憑くものと思はねばならぬ」

難波大助とは、一九二三年十二月に、皇太子裕仁親王を襲撃し、暗殺しようとしたテロリストであり、大逆罪により死刑に処されました。

翌一九二六年に刊行した『世界現勢と大日本』や、一九二七年に刊行した『世界維新に面せる日本』などにおいても、満川はユダヤ陰謀論は根拠がないと言い切っています。

満川と同様、早い時期からユダヤ陰謀論に警鐘を鳴らしていたのが、吉野作造です。彼は『中央公論』一九二一年五月号に「小論小言二則」と題し、猶太人の世界顛覆の陰謀の説について、「全く荒唐無稽の作り物」と断じ、「……日本自身此誤解に基いてどれ丈大きな損害を蒙って居るか分からない。尤も西洋に於てなら斯う云ふ誤解の流布さるるについても多少の理由はあるが、日本は全然其理由を訣くにも拘らず、為めにする所あるものから散々悪用されて居るのだから堪らない」と述べていました。

満川や四王天は、広い意味では同じ右派、民族派陣営に属していましたが、ユダヤ人認識では決定的に立場を異にしていたということです。

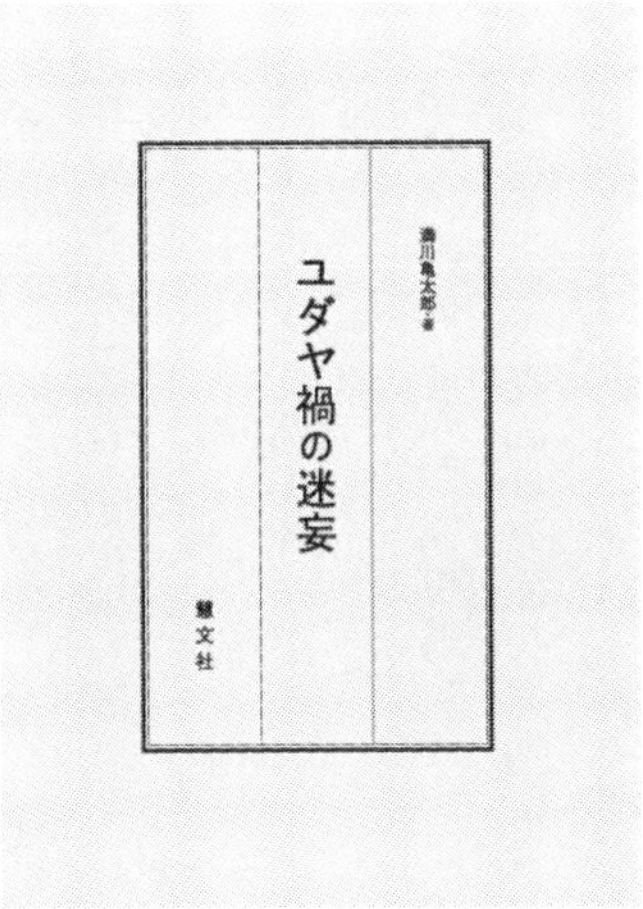

一九二八年十一月七日には、平凡社主宰の座談会が開催され、「ユダヤ禍論」に対する肯定否定の両論者が激突しています。参加者は、満川亀太郎、信夫淳平、大竹博吉、酒井勝軍、樋口艶之助、大石隆基、下中彌三郎、志垣寛でした。このうち、満川、信夫、大竹、下中は「ユダヤ禍」の否定論者です。先程述べたように樋口はユダヤ禍論者であり、また大石もまた同様の立場に立っていました。

この座談会で、満川は『議定書』が偽物だと断定し、次のように述べていました。

〈私は大正八年或るところで謄写刷りになってゐた議定書の梗概を初めて見たとき、ハアンこれは「朕が作戦」のやうな偽作だと直感したのです。「朕が作戦」といふのは欧洲戦争の始まった時、何とかいふ人がカイゼルの原著を訳したといふ触れ出しで出版したのだが、つまりこれはカイゼルが軍国主義を以て世界を征服する計画書であるといふので、当時松方侯や上村海軍大将などが盛に他人にも購読を勧めたものである。ところが参謀本部の或る将校が疑惑を抱き訳者に原書を見せて呉れと申入れたが、訳者はどうしても言を左右に托して見せなかったといひます。然しこの議定書の方は勿論日本人によって偽作されたものでなく、偽作のままシベリア土産として輸入されたものを和訳したまでです。ところが我国の猶太禍論者は皆この議定

書を根拠としてロシア革命とくっ付け、今にも猶太人の赤化陰謀でこの日本帝国も破壊されるかの如く騒いでゐる〉

さらに満川は、司法省への「ユダヤ禍論」の浸透を問題視しています。

〈司法省主催の思想検事講習会が開かれた際、四王天少将の「猶太人の世界赤化運動に就て」といふ講義があったことである。それが科外講義として参考に聴講させるといふのなら兎に角、正科の科目として催されたのであるから、つまり司法省自身が猶太人の世界赤化といふことを認めた形になってゐる。これは猶太禍から言へば我意を得たり、これで思想の善導も出来ると喜ぶかも知れないが、猶太禍を日本人の妄想なりと断定してゐる私から見れば、実に容易ならぬ問題と考へます〉

この座談会は、一九二九年六月に満川が著した『ユダヤ禍の迷妄』にも附録として収録されています。同書に寄せた序文で、座談会にも参加した大竹博吉は、満川が果敢に「ユダヤ禍論」に抵抗したことは、「自己の祖国をうばわれて訴うるに所なき無事の被抑圧民族に熱烈なる同情をよせるという見地から」当然のことだったと書いています。

ナチスの人種主義を批判

――その後、四王天らはナチスの影響を受けるようになります。

スピルマン　ナチスに対する日本人の姿勢は、日本とナチス・ドイツが国際関係上大きく接近したことにも左右されていたわけですが、四王天は熱狂的にナチスを賞賛し、反ユダヤ論を主張し続けました。また、アジア主義者の中にも、鹿子木員信のようにヒトラーとナチスの動きを無批判的に礼賛する人がいました。

ここで注目したいのが、満川が人種平等の立場から、ヒトラーの人種差別主義を批判していたことです。いまだヒトラーが政権を握っていなかった一九三二年に刊行した『激変渦中の世界と日本』の中で、ナチスの反ユダヤ主義を「偉大なる錯覚」と酷評し、ドイツで行われているユダヤ人排斥の流行について「世界に対して恥ずかしき事実である」と述べたヒンデンブルグの言葉を引いていました。

さらに満川は、ナチスのユダヤ人排斥の綱領には、ドイツ民族至上主義が伏在し、ユダヤ人だけではなく有色人種全体の排斥を含んでいることが明らかだと喝破していました。

シオニズムと満川亀太郎

――ユダヤ人国家建設（シオニズム）について、満川はどのような立場に立っていたのでしょうか。

スピルマン　満川は、ユダヤ人国家の建設を高く評価していました。すでに一九一九年というかなり早い段階において、彼は次のように書いていました。

「建国以来三千年の歴史を有する我々日本国民は、殆ど同数の年間地上に国家を有せずして、世界の各地に分離寄生しつつ、有らゆる迫害と侮蔑と圧制とに堪へ来りし猶太民族の悲哀を痛切に味ふことなどは到底困難であらう。去り乍ら這回の講和会議席上、人種差別待遇撤廃の大義を唱導したる我国の国民は、多年世界より穢多扱ひを受けつつ猶且つ其団結力と民族運動とに熱心鞏固なりし猶太人が、今や漸く其希望を達して、三千年の故郷なるパレスチナの地に、猶太国を建設すべき曙光を見出したことは、深甚なる興趣を以て之を観察をせねばならぬことと思ふ」（「猶太民族運動の成功」『大日本』一九一九年六月）

もちろん、このような満川の議論は、今日的な観点から見れば、非常にナイーブなものです。満川がパレスチナ人の存在を無視していることは看過できません。しかし、当時はパレスチナ人の権利を求める声は、日本では海外でもほとんど存在しませんでした。

――満川は黒人問題でも先駆的な役割を果たしました。

スピルマン　満川は早くも中学時代から黒人差別の問題を意識していました。一九二〇年夏、ジャマイカ出身の黒人民族主義の指導者マーカス・ガーベーの運動の盛り上がりを目の当たりにすると、満川は黒人問題についての日本人の認識を高めようとしました。

そして、一九二五年には『黒人問題』を刊行しました。同書の中で満川は、黒人の本来の居住地であるアフリカの地理、奴隷制度の起源、アメリカの奴隷制度の歴史とその終焉、解放後の黒人の状況と黒人に対する差別などの諸問題を概説し、さらにアフリカの黒人共和国の建設を唱えた。『黒人問題』は、日本における最初の本格的な黒人に関する研究書と言ってもいいでしょう。

文芸春秋の記者をしていた昭和史研究家の片瀬裕氏から聞いた話では、黒人の劇団が日本に来た際、満川は北一輝とともにそれを観に行きました。劇団の独特な踊りを観た北が、「土人どもが」と馬鹿にすると、満川は烈火のごとく怒ったそうです。

あらゆる差別を憎む心

――満川はなぜ、人種差別反対という確固たる姿勢を貫くことができたのですか。

スピルマン　満川は子供のころから貧しい生活を送り、苦学した人です。満川の両親は、父方も母方も維新前後には一流の商家でしたが、ともに一家は没落してしまい、さらに早くに父を亡くしています。父に代わって満川の面倒を見たのが、十一歳年長の兄、川島元次郎です。元次郎は苦学の末、京都帝大の国史科を卒業しました。

満川は、元次郎の遺稿集『南国史話』（一九二六年）の後書きで次のように書いています。

「兄の苦労と勉強とは一と通りのものでは無かったのです。兄は二十歳そこその年から老ひたる母と幼き弟とを養育すべく余儀なくせられました。その間にも研学の精神を失はず……向上の一路を辿って行きました。……志業未だ半ならず、四十六歳の壮齢を以て逝きました事を思ふと今更ながら残念であります」

国家改造を志して様々な運動を展開した満川は拓殖大学で教鞭をとりましたが、生活は決して楽なものではなかったでしょう。無理をして膨大な原稿を書きつつ、地方各地に頻繁に講演に出かけていました。そんな満川は、一九三六年五月十二日、突然脳溢血で倒れ、四十八歳の若さで亡くなっています。

自らの理想を体現するために、満川は大きな負担を背負っていたのです。そして、兄の苦労を知り、自らも苦難の人生を歩む中で、彼は世の中の不条理を知り、あらゆる差別、抑圧を憎む心を固めたのでしょう。

（聞き手・構成　坪内隆彦）

爆笑・飯山陽大批判

哲学者　山崎行太郎

飯山女史は親米ウヨに過ぎない

――ハマスとイスラエルの紛争について、極端なイスラエル擁護の言説が目立つようになっています。その代表的な論者が飯山陽氏です。

山崎　はじめにお断りしておきますが、私は飯山女史にまったく興味も関心もありません。私とは何の関係もない、どうでもいい人です。ただ、SNSなどで目に付いた「気の毒な浮かれ女」（笑）という程度の認識です。

人がどんな思想や感想を持とうと自由です。それを発表するのも書くのも自由です。たとえその意見や主張が、左翼リベラル的であろうと、右翼保守的であろうと、ネットウヨ的であろうと、自由です。問題は、聞くに値するか、読むに値するか、ということだけです。その意味では、飯山女史の言動は、聞くにも読むにも値しません。近頃、ネットウヨ界隈に散見される親米ウヨに過ぎません。

――山崎さんは、すでに二年以上前に本誌座談会「ネトウヨ雑誌の読者に問う！」（令和三年十月号掲載）で、飯山氏の問題点をスバリ指摘していました。

山崎　座談会でも紹介した通り、当時タリバンに対する厳しい批判を展開していた飯山氏に対して、私は皮肉を込めて「タリバンが好きなんだよなー、私は。米軍が好きなんだなー、飯山さんは」とツイートしました。

すると、飯山女史は「妊娠中の女性を夫と子供たちの前でなぶり殺し、頭をかち割って脳みそを引きずり出したタリバンのことが好きらしい。……イスラム教についての知識などまるでないのに」と批判してきたのです。

飯山女史にとっては、イスラムやタリバンは人類の敵で犯罪集団、テロ集団。逆にユダヤ・キリスト教的欧米文明は、すべて「正義の味方」なのです。

アメリカの代弁者

――飯山氏の発言は、嫌韓・嫌中を叫ぶ一方、アメリカには何も言わないネトウヨ層に消費されているように見えます。

山崎　飯山女史はハマスの残虐性をひたすら誇張しようとしています。彼女は熱狂的な欧米中心主義者なのだと思います。飯山女史にとっては、アメリカや西側が常に正しいのです。例えば、『Ｗ・ｉＬＬ』二〇二三年十二月号に掲載された門田隆将氏との対談では、〈Ｇ７首脳のなかで、ハマスの蛮行を「テロ」と非難せず、「我々はイスラエルの側に立つ」とはっきり表明しなかったのは、岸田総理だけです〉と発言しています。

飯山女史はアメリカ批判に過敏に反応しています。例えば、池上彰氏がエマニュエル・トッド氏と行った対談について、「トッドさんは以前からアングロサクソン、特に米国が諸悪の根源だとおっしゃったが、そこを改めて強調したということだ」と発言したことについて、飯山女史は「ハイ、出ました。〝アメリカ諸悪の根源論〟です。しかし、いいんでしょうか。アングロサクソンという民族が諸悪の根源だと、はっきり特定しちゃっていますが、どう考えても、誰が聞いても、これは差別発言ではないかと思うのではないでしょうか」（『愚か者！』）と書いています。

飯山氏はまた、アメリカ衰退論、アメリカ崩壊論が気に入らないようです。アメリカに不利な情報が流れるとすぐに反応します。例えば、サウジとイランの国交正常化を中国が仲介したことについて、日本経済新聞が「中国主導による中東の大国の和解実現は、米国の指導力低下を印象づけ、長期的には世界秩序を揺さぶるリスクとなりかねない」と書いたことについて次のように述べています。

「サウジにとって外交的・軍事的にいちばん大事な

相手がアメリカであることは変わりません。…中東の親米国家はアメリカの軍事支援がないと自分たちの国を守れない。それはもう既成事実としてあるんですね」

アメリカは、宇露戦争ではウクライナを支持し、ハマスとイスラエルの紛争ではイスラエルを支持しています。逆に、アメリカに批判的な視点を持っている日本人の多くは、ウクライナもイスラエルも支持しません。飯山女史はそうした状況が気に食わないのでしょうね。

学界で相手にされない飯山女史

―― 山崎さんに対して、「イスラム教についての知識などまるでないのに」と批判してきた飯山氏のイスラム理解は、学界でどう評価されているのですか。

山崎　全く相手にされていません。イスラム研究者の中田考氏は、飯山女史について「学界の総体から相手にされていません」とツイートしています。飯山女史の『イスラム教の論理』についての評価を見れば、学界での評価の低さははっきりします。例えば、東京大学大学院准教授の松山洋平氏は同書の三つの問題点を挙げ、次のように同書の危険性を指摘しています。

〈本書は全体にわたって種々の問題が散見される。そのため、イスラム法学の知識、クルアーン（コーラン）解釈の知識、昨今の「過激派」と「穏健派」の解釈の異同についての知識等を備えたうえで注意深く読まなければ、イスラム教についての誤った理解をもたらす可能性が高いと言わざるを得ない〉

松山氏が第一の問題点として挙げるのは、飯山女史がイスラム法学の諸理論について正確な理解を欠いていることです。松山氏は、具体的に十三に上る事例を挙げ、「本書では…初歩的領域についての理解もおぼつかないまま構築された『イスラム教の論理』に基づき、飯山氏の主張が展開されていく」と述べています。事例の一つとして、飯山氏が「歴代のイスラム法学者たちは、イスラム法に反し暴政を行う統治者に対するジハードを合法としてきました」と書いているのは誤りであり、むしろ反対に、歴代法学者の圧倒的な多数派は、統治者が暴政や罪を顕わしているからといって反逆が合法とされることはないことを主張し、武力行使による革命を厳しく制限してきたと指摘していいます。

松山氏が第二の問題点として挙げるのは、飯山女史のイスラム教以外の宗教を含む宗教全般についての先入観と無理解です。そして、「本書がイスラム教の特殊性を無用に強調する背景にある」と指摘しています。

第三の問題点は、同書の全体的な論の進め方・レトリックについてです。松山氏は、飯山氏が、①イスラム教ではジハードは正当な行為である→②「イスラム国」はジハードを行っている→③故に「イスラム国」はイスラム教の正しい実践者である、という議論展開を行っているが、このような三段論法は、その過程で多くの要素を意図的にそぎ落として初めて成立すると指摘しています。

――学界ではこのような評価であるにもかかわらず、産経新聞は飯山氏を起用しています。

山崎　飯山女史の原稿を載せる雑誌や新聞は、『産経新聞』や『WiLL』や『月刊HANADA』などのネットウヨ新聞やネットウヨ雑誌だけでしょう。そんな飯山女史がイスラム専門家として扱われていることは、日本の学問レベルの低さを象徴的に表しています。

飯山女史はフジサンケイグループとつながりが深いようですね。飯山氏の夫の佐々木亮氏はフジテレビ社員で、二〇一一年からカイロ支局長を務めていましたが、飯山氏もカイロ支局員の職を得ていたと言われていいます。ツイッターなどでは「フジテレビのカイロ支局長の奥さんがカイロ支局員になったら、それは客観的に見て高い確率でコネ採用でしょう」と書かれています。

しかも、飯山女史は自分が東大大学院修了で博士号所有者であることに拘り、東大教授でイスラム研究が専門の池内恵氏が博士号を持っていないなどと騒いでいるようです。バカバカしい話です。私は、池内氏を擁護するつもりはまったくありませんが、飯山女史に絡まれたことは気の毒だと思います。

イスラム研究は、東大博士号の所有者だけの専有物だとでも錯覚・妄想しているのでしょう。しかし、イスラム・ハマス紛争を解説分析するのに、東大博士号なんか何の役にも立ちません。

建築家の安藤忠雄氏は、高校しか卒業していませんが、一流の建築家として活躍し東京大学特別栄誉教授に就きました。重要なことは、イスラム研究者としてどのような業績を上げたかです。飯山女史にいったいどんな業績があるのでしょうか。

イスラム研究と言うと、戦前では大川周明や、戦後では江藤淳の師匠でもあった言語哲学者の井筒俊彦などを連想しますが、飯山女史をめぐるバカ騒ぎを見ていると、日本のイスラム研究もここまで堕ちたか、と嘆かわしく思いますね。

（聞き手・構成　坪内隆彦）

エマニュエル大使の正体

本誌発行人　折本龍則

本誌20号でも報告したが、筆者は２０２３年7月４日の米国独立記念日にラーム・エマニュエル駐日大使への抗議活動を行った。エマニュエル大使は、戦闘的なシオニストの家系に生まれたユダヤ人であり、自身も湾岸戦争に際してイスラエル国防軍に従軍した経歴を持つ。大使は、ＬＧＢＴ理解増進法が成立した時、「日本は進化の過程にある」と言い放った。エマニュエル大使の我が国に対する植民地総督のごとき振る舞いを観ていると、彼は根本的に我々日本民族を見下す人種的偏見思想を持っているように思える。この事を裏付ける様に、エマニュエル大使は、シカゴ市長だった２０１４年に、シカゴ警察が黒人少年を射殺する事件を揉み消そうとした疑いがもたれている。このため民主党内でも大使就任への反対意見が強く出ていた。

今般のイスラエルによる報復攻撃もパレスチナ人に対する人種的偏見がなければあのように虫けらを殺すようなやり方で無慈悲な殺戮は出来ないだろう。筆者はエマニュエル大使の日本国民に対する傲慢な態度と、イスラエル政府によるパレスチナへの非道な仕打ちに、「未開な」アジア人種への人種的偏見が通底しているように思えてならない。

ハマスによる攻撃の後、エマニュエル大使は渋谷で開かれた抗議集会に参加しイスラエル大使と共に演説をぶった。ＬＧＢＴ法案の時もそうだったが、外交官でありながら他人の国に来て政治活動をすること自体、相手国に対して失礼であるし、彼は日本政府に対してイスラエルを支持する様に相当圧力を加えているとの話も耳にする。

アメリカはこれまで中東問題に対して中立的なスタンスを装ってきたが、現在のバイデン政権は、これほどまでの非人道行為が行われているにも関わらず露骨なイスラエル支持を固守している。元来アメリカ政府の中ではイスラエル・ロビーが隠然たる影響力を及ぼしていることは知られている。それは経済的な分野でもそうだが、政治的軍事的分野において顕著だ。9・11テロ以降、ブッシュ・ジュニア政権のなかで影響力を持ったネオコン（新保守主義）のルーツは、レオ・シュトラウスというユダヤ人の政治学者であった。彼はナチスの迫害を逃れてアメリカに渡り、ヴァイマール体制がナチスの台頭を阻止できなかったことから、価値中立的な民主制ではなく、独裁や専制体制のレジーム・チェンジを図り、そのためには単独行動主義に基づいた先制武力攻撃をも厭わないというネオコン思想の元祖になった。このネオコン思想は主に米国民主党内に根を張ったが、後に共和党内にも浸透してアメリカの「自由と民主主義」を武力で世界に押し広める侵略的な対外政策を推し進めた。こういう事情であるから、ネオコンにはユダヤ系が多く、「実質的にすべてのネオコンは、イスラエルに強い思い入れがある。彼らはこれを堂々と公言し、悪びれることもない。ネオコン派のリーダー的存在の専門家マックス・ブートによると『イスラエルを支援することは〝新保守主義の最重要教義〟である』。この見解はイスラエルが『自由で民主的な価値観を共有していることによるものだ』と彼は考えている」（ジョン・ミアシャイマー、スティーヴン・ウォルト『イスラエル・ロビーとアメリカの外交政策Ⅰ』）

現在は、民主党政権の内のネオコンの残党がウクライナ支援やイスラエル支持政策を支えている。ブリンケン国務長官は、祖父がロシアでのポグロム（ユダヤ人大虐殺）に逢い、継父はナチスのホロコーストを逃れてきたというユダヤ人であり、ネオコンとの関係も近いとされる。

バイデン大統領はアイルランド系のカトリック教徒だそうだが、2023年10月にイスラエルを訪問してネタニヤフ首相と会談した際には、「シオニストになるためにユダヤ人である必要はないと思う。私はシオニストだ」と発言したと言われる（日刊ＩＷＪ）。この様にネオコン・シオニストに占められたバイデン政権であるあるから、その外交政策が露骨なイスラエル支持になるのは当たり前の事である。そしてエマニュエル大使のような同じ穴のムジナが駐日大使として送りこまれるのも「宜なるかな」なのである。

ネオコンの犯罪行為

国際政治アナリスト　伊藤　貫

ウォールストリートの金融業者に奪われたロシアの国民資産

　一九九一年のソ連崩壊後、ロシアのエリツィン大統領は、経済を立て直すために国際通貨基金（ＩＭＦ）から緊急融資を受け、ＩＭＦの要求に沿ってロシア市場を開放しました。その結果、ゴールドマンサックスを筆頭とするウォールストリートの金融業者、イスラエルの金融業者、ロシアに住んでいるロシア国籍とイスラエル国籍の両方を持つ二重国籍者たちが、ロシアの石油・天然ガスなどの資源を急速に民営化させ、二束三文で買い叩いたのです。彼らは銀行から資金を調達し、実際の価値の一％、二％程度という安値でそれらを手に入れ、その後数十倍の値段で売却して莫大な利益を得たのです。まさに濡れ手に粟です。このように急速に富を蓄積した大富裕層はオリガルヒと呼ばれています。オリガルヒの八割は、イスラエルの国籍を持つ人でした。

　これは、あからさまな経済犯罪です。当時モスクワに駐在していたアメリカの財務省、国務省、ＣＩＡのキャリア官僚たちは、ワシントン政府に「エリツィン政権は腐敗したオリガルヒによって支配されている。このような犯罪をやめさせるため、西側諸国とＩＭＦはロシアに対する経済援助を即座に停止すべきである」という内容の報告書を繰り返し送りました。彼らが警告したのは、こうした状況を放置すれば、ロシア人はアメリカを恨むようになり、米露関係は必ず悪くなると考えたからです。

ところが、クリントン政権はそれを握りつぶしました。当時、クリントン政権で最も発言権が強かったのが、ロバート・ルービン財務長官です。財務長官に就く前、彼はゴールドマンサックスの会長を務めていました。ウォールストリートの金融業者と、クリントン政権の閣僚と、ロシアの二重国籍者が共犯関係にあったということです。

ロバート・ルービン氏

ロシアの国富を窃盗して得たお金はイスラエルに持ち込まれ、マネーロンダリングした後、その半分以上がウォールストリートに流れ込んだわけです。窃盗した犯罪者たちは、二千億ドルから五千億ドル（約三十〜七十五兆円）もの利益を国外に持ち出したのです。

一九九九年九月二十一日の下院の議会証言で、CIAのロシア政策・最高責任者であったフリッツ・エアマース（Fritz Ermarth）は、「アメリカの民主党、共和両党の政治家たちが、この資金移動から恩恵を受けていた。アメリカの報道陣も恩恵を受けている」と明言しました。これは、まさに爆弾証言です。

さらにエアマースは、「ごく普通の庶民ですら、ロシア政府の腐敗と犯罪を知っていた。それにもかかわらず、アメリカのマスコミと外交政策エスタブリッシュメントはそれに気が付かないふりをしてきた」と批判しました。

エアマースは、アメリカの国家情報会議（National Intelligence Council）の前議長です。まさに米政府官僚のエリート中のエリートであり、米政府の情報分析の最高責任者であった人物です。

この「ロシア経済の民主化と民営化」は、歴史的な大惨事となりました。一九八七年から一九九七年までの十年間で、ロシア人男性の平均寿命は、六十七歳から五十七歳に十歳も短くなっていきました。何百万人ものロシア人が餓死したり、自殺したりしない限り、このような平均寿命の急降下は起こり得ません。

ロシアからあれほど巨大な財産が窃盗されても、アメリカのマスコミは報道せず、シンクタンクも問題にしません。やはり、ごく一握りの金持ちが、アメリカの政治と世論を操っているのは事実です。それを「ディープステート」と呼ぶ人もいるということです。

プーチンつぶしを推進したネオコン

二〇〇〇年に大統領に就任したプーチンはオリガルヒの半分以上を国外に追放しました。そのため、エリツィン時代に濡れ手に粟で何十兆円も儲けた人たちは、プーチンが憎くて仕方がないのです。そこで、彼らはアメリカの軍事力と外交政策を使って、プーチンをつぶそうとしました。

ブッシュ（息子）政権は、二〇〇八年、「グルジアとウクライナをNATOの加盟国とする」という決定をしました。この決定を推進したのが、ネオコンです。ネオコンとイスラエル・ロビーとウォールストリートの金融業者は結託しています。

しかし、ブッシュ政権の決定はロシアにとっては到底容認できないものでした。アメリカ軍が進駐してきて、核ミサイルをロシアとウクライナの国境地域に配備すれば、たまったものではありません。このブッシュ政権の決定により、米露関係は一気に悪化しました。

二〇一〇年に親露派のヤヌコヴィッチがウクライナ大統領選で勝利すると、米政府は即座にヤヌコヴィッチを失脚させる秘密工作を開始しました。国務省とCIAは、一九三〇年代に親ナチ・親ファシスト運動に参加していたウクライナの極右レイシスト集団まで熱心に支援していたのです。ヤヌコヴィッチ失脚のためには手段を選ばなかったのです。

そして、オバマ政権時代の二〇一四年、国務省とCIAは、キエフ（キーウ）でクーデターを起こし、ヤヌコヴィッチ大統領を追放してしまったのです。

このクーデターは、西側メディアでは「民主的なマイダン革命」と描かれていますが、その実態は、レイシスト右翼集団による流血クーデターだったのです。デモで市民数十人が射殺されましたが、狙撃したのはレイシスト右翼集団やアゾフ連隊です。ところが、アメリカ政府は即座にヤヌコヴィッチの仕業だとして、彼を追放する流れを作ったのです。

流血クーデターを指揮した「ネオコン猛女」ヌーランド

このクーデターの際、キエフの米国大使館で指揮を執っていたのが、バイデン政権のビクトリア・ヌーランド国務次官（当時は国務次官補）です。彼女の夫は、ロバート・ケーガンという著名なネオコン言論人であり、イスラエル・ロビーのプロパガンディストです。この夫婦はクリントン政権時代から、イスラエルと対立するイラク・イラン・シリアに対して米軍が戦争を仕掛ける必要性を力説していました。二人とも、父親や親族は東欧から移住してきたユダヤ系移民です。

彼女がクーデターを起こした連中に命令を出している音声が残っています。彼女が使っていた携帯電話は全てＫＧＢに盗聴されていたからです。

彼女は、単にウクライナ政権の破壊を煽動・指揮していただけではなく、「次のウクライナ首相を誰にするか」という重要人事に関しても、ウクライナ人に命令を出していました。ところが、この事実をアメリカのマスコミはほとんど報じていません。

クーデターの後、アメリカはウクライナを属国化し、アゾフ連隊やレイシスト右翼集団と正規のウクライナ軍とを統合させました。そして、アメリカ製の武器を供与し、アメリカ軍の将校やＣＩＡの工作員が入り込んで、ウクライナ軍を米軍に所属する戦闘部隊に変えていったのです。プーチンが強い危機感を抱いたのは当然のことです。

ビクトリア・ヌーランド氏

二〇〇八年にブッシュ政権が「グルジアとウクライナをNATOの加盟国とする」と決定した際、フランスとドイツは強硬に反対していたのです。そこまでやれば、ロシアとの対立が決定的になるのでやるべきではないと考えていたのです。

仮に二〇一六年の米大統領選挙でヒラリー・クリントンが当選していれば、ウクライナ戦争は二〇一七年か二〇一八年に起きていたと思います。

二〇一四年のクーデターの際、バイデンは副大統領を務めていました。そして彼の息子はウクライナ最大のガス会社から賄賂を貰っていました。つまり、バイデン政権はウクライナべったりなのです。

そして「ネオコン猛女」のヌーランドが、バイデン政権の国務次官に就き、対露政策を決定するようになりました。だからこそ、バイデンが大統領になった途端に、親露派が六～七割を占める東ドンバス地域でウクライナの右翼による暗殺がエスカレートしていきました。そのため、ロシアでは、東ウクライナのロシア人同胞を救えという世論が高まっていったのです。

しかも、米軍は着々とウクライナ軍をアメリカ軍の下部組織として強化していました。プーチンは、アメリカがプーチン政権を破壊しようと考えていると判断し、致命的な事態となる前に、ウクライナ軍を破壊しなければならないと決断したのだと思います。

西側諸国のマスコミが報道するように、「狂気のプーチンが、突然、何の理由もなくウクライナに襲いかかった」のではありません。二〇一四年以降、執念深く米露軍事衝突の可能性を増大させていったのは、米政府とネオコンだったのです。

※本稿は、令和四年十一月十日に開催された「表現者塾特別編　伊藤貫先生特別講演会」の講演からネオコンに関する部分を抜粋したものです。

グローバリスト撃退法

麗澤大学准教授　ジェイソン・モーガン

人間の多様性を否定するグローバリスト

――モーガンさんは、アメリカはグローバリストに乗っ取られたと主張しています。

モーガン　グローバリズムという言葉には「地球全体のため」「世界を一つにするため」といった響きがありますが、グローバリズムは全人類のためではなく、ごく一部の人間の利益のために利用されています。

グローバリストたちの目的は、世界各国、各組織の頂点に君臨し、極致とも言えるほどの絶対的な権力を握りながら、我々人間を一つの型にはめ込み、一律の存在として、自らの意のままに操ることです。彼らは、全世界の行き先を自分たちが決めようとしているのです。自分たちが神様であるかのような意識で、全世界を意のままに支配しようとしているのです。

私がグローバリズムを非難しているのは、人間の多様性、凸凹さ、要するに「人間らしさ」を否定しているからです。そして、グローバリストは、日本をはじめとする各国の伝統や家族制度などを壊し、人間らしい人生に必要な要素を奪い、ディストピア（暗黒世界）を作るからです。

私が、グローバリストについて深く考えるようになったきっかけは、二〇一七年にトランプ氏が大統領に就任したことです。「アメリカファースト」を掲げて登場したトランプ氏は、アメリカの労働者を守り、国内のインフラを整備することなどを重視し、不法移民を入れないといった政策をとるようになりました。

それまでの政権の政策は、民主党・共和党を問わず、外国のことばかりを重視し、アメリカの労働者を見捨ててきたのです。つまり、トランプ政権の政策を見て、グローバリストたちが主導してきた政策の問題について再認識することができたのです。

トランプ大統領は、二〇一九年九月二十四日の国連総会で一般討論演説を行い、次のように明確にグローバリズムを非難しました。

「あなたがたが自由を欲するならば、祖国を誇りに思いなさい。民主主義を欲するならば、あなたがたの主権を大切にしなさい。平和を欲するならば、祖国を愛しなさい。賢明なる指導者たちはいつも自国民の善と自国を第一に考えます。未来はグローバリストたちのものではありません。愛国者たちのものなのです。主権をもち独立した国々こそ、未来を有するのです。なぜならば、このような国々こそ自国民を守り、隣国を尊重し、そして各々の国を特別で唯一無二の存在にしている差異というものに敬意を払うからです」

グローバリストは、自分の国を愛することなく、外国のエリートとしか手を組もうとしません。

キッシンジャー（左）と習近平

先日亡くなったヘンリー・キッシンジャーもまた、グローバリストを代表する人物でした。彼は、全世界のエリートと協力し、全世界を上から支配する仕組みを考えていたのだと思います。今の中国共産党がモンスター化したのは、キッシンジャーやその周辺のグローバリストの努力があったからです。

中国だけではなく、アメリカのグローバリストと手を組んでいる勢力は、世界各国に存在します。日本には、竹中平蔵氏や河野太郎氏のようなグローバリストたちが、彼らの意向に沿って日本の制度を好きなように変えてきました。彼らが考えているのは、グローバリストによる支配であり、日本国民のことなど一度も考えたことがないでしょう。政治家たちもグローバリストが進めようとしている政策に従い、日本国民の生活を省みようとしません。それに私は強い憤りを感じます。まず、それぞれの国が、自分の国と国民を大切にしなければなりません。

いま河野太郎氏がマイナンバーカードの普及を急いでいるのも、グローバリストの意向だと思います。その目的は、グローバリストが国民を管理することです。やがて人間は、家畜のように数字で管理されるようになるでしょう。

キッシンジャーの人口削減計画

―― キッシンジャーはどのようなことを考えていたのですか。

モーガン このようなことを言うと、すぐに「陰謀論」だと批判を受けるのですが、キッシンジャーらのグローバリストたちは世界の人口を削減する計画を持っていると私は考えています。

例えば、一九七四年十二月十日に、フォード大統領の国家安全保障問題担当大統領補佐官を務めていたキッシンジャーは、「国家安全保障研究覚書２００（National Security Study Memorandum 200）」を提出しています。

ここでキッシンジャーは、低開発国の政治力を制限し、外国の天然資源の容易な採取を確実にし、反体制的な若者が生まれるのを防ぐため、米国政府が、人口の多いインド、バングラデシュ、パキスタン、インドネシア、タイ、フィリピン、トルコ、ナイジェリア、エジプト、エチオピア、メキシコ、コロンビア、ブラジルの十三カ国の人口を「管理」しなければならないと主張していたのです。

さらに遡れば、一九六六年にアメリカ国務省が発表した「人口成長と経済発展に関する資料」の中には、「人類は地球の癌である」と書かれています。また、フランス人海洋学者で、グローバリストを信奉していたジャック＝イヴ・クストーは、一九九一年のユネスコのインタビュー記事の中で、「世界の人口を安定させるために、一日三十五万人を削減しなければならない」と明言しています。

さらに、ローマクラブが一九九一年に刊行した『The First Global Revolution』には、「本当の敵は人類そのものだ」と書かれています。これこそがグローバリストの本音なのだと思います。

人工妊娠中絶はアメリカを二分する大きな争点ですが、一九八四年八月にメキシコシティで開催された国際人口会議で、当時の共和党のロナルド・レーガン大統領は、「メキシコシティ政策」(通称「グローバル・ギャグ・ルール(口封じの世界ルール)」に署名しました。

これは、「アメリカの資金援助を受けているNGOなどの団体は、たとえその国では合法でも、人工妊娠中絶に関する活動には一切関わらない」という規則です。

人工妊娠中絶の権利を擁護してきた歴代民主党政権は「メキシコシティ政策」に反対の立場を取っています。そして、民主党の強力な支持者であるマイクロソフト元会長のビル・ゲイツ氏と彼の元妻メリンダ氏が設立した「ビル&メリンダ・ゲイツ財団」は「メキシコシティ政策」に反対しています。また、同財団は中絶手術や、ピルをはじめとする避妊方法の普及に取り組む組織に数億円の寄付をしています。

米ソ冷戦も米中冷戦のグローバリストのシナリオ?

――グローバリストによる支配は、グローバル企業の利益にもつながっています。

モーガン　特にウォール街は、アメリカ政治に介入し自らの利益を追求してきました。例えば今、JPモルガンCEOのジェイミー・ダイモン氏は、共和党の大統領候補と目されているニッキー・ヘイリー前国連大使を支持しています。

一八九八年から一九三一年まで海兵隊に在籍し、第一次世界大戦でも活躍したスメドリー・バトラー将軍は、「私は海兵隊に三十三年間もいて、戦争で若い兵士たちを死なせたが、それはアメリカのためではなく、ウォール街や大企業のためだった」と告発しています。ウォール街と並んで強い力を持っているのがハリウッドです。つまり、ワシントンは政治を、ウォール街は資金を、ハリウッドはプロパガンダをそれぞれ担当し、グローバリストを支えているという構図です。

第二次世界大戦終結後まもなく、米ソの冷戦が勃発しましたが、グローバリストによって戦後秩序のシナリオは用意されていたのでしょう。大戦末期、アメリカ陸軍のジョージ・パットン将軍が指揮する第三軍は、ドイツを追撃してチェコに侵入、ピルセンを解放しました。さらにパットン将軍はプラハ攻略を計画していましたが、アイゼンハワー総司令官はパットンに停止を命じ、ここで戦争は終結しました。

アイゼンハワーはスターリンに配慮していたのでしょう。そのことをパットンも気づいたのだと思います。パットンは自動車事故が原因で亡くなったとされていますが、私はパットンは暗殺されたのだと思っています。

ルーズベルト、チャーチル、スターリンは一九四三年十一月のテヘラン会談、一九四五年二月のヤルタ会談などで、戦後秩序について議論を進めていました。ルーズベルトが共産主義者だったということではなく、英米ソの指導者たちはグローバリストに操られていたと見るべきでしょう。結局、共産主義はグローバリズムの一種に過ぎません。グローバリストは米ソ二極構造によって世界を管理しようとしたのだと思います。

冷戦終結後、一時的にアメリカ一極支配の構造ができるかに見えましたが、その後中国が台頭しました。グローバリストは、米ソ冷戦時代と同様、米中二極による世界の管理を構想しているのだと思います。米ソ冷戦も米中冷戦もグローバリストのシナリオ通りなのでしょう。実際、中国を育てたのはアメリカです。一九七二年の米中接近以来、アメリカは中国の経済発展に協力するようになりました。アメリカが中国を抑止してくれると期待している日本の拝米保守は幻を見ているだけです。

本物のアメリカの保守派と組め

――しかし、バイデン政権は中国に対して強硬な姿勢をとっています。

モーガン　日本政府は、アメリカの力によって中国を抑止すると言っていますが、米中は対立しつつも、経済的には協力しているのです。グローバリストにとって中国は重要なビジネスパートナーだからです。中国と米国が直接大きな戦争をするはずがないです。代理戦争を使って自分の利益を増すのは当然ですが、ワシントンにとって北京は欠かせない相手です。つまり、米中関係もグローバリストに操られているのです。グーグルのような巨大ＩＴ企業が個人情報を管理する「監視資本主義」において中国共産党とワシントンが協力するのは、当然のことなのです。にもかかわらず、日本だけがグローバリストに支配されているアメリカの言いなりになり、主体的に動こうとしません。東南アジア諸国をはじめ世界の多くの国が、アメリカと中国との間で強かに立ち回っています。

―― 日本はアメリカのグローバリストに追随するのではなく、アメリカの真の保守勢力と組むべきだということですね。

モーガン　アメリカの保守派がグローバリストに負けなければ、日米の戦争もなかったかもしれません。ルーズベルト大統領、トルーマン大統領などのグローバリストは、日本を絶滅しようと計画しましたが、アメリカにはそれに抵抗する保守派もいたのです。例えばチャールズ・ウィロビー少将、ダグラス・マッカーサー将軍、ハーバート・フーバー大統領などは、できるだけワシントンのグローバリストたちから日本を保護しようとしていました。

第二次世界大戦が勃発した時には、フーバー大統領のように、ルーズベルトが仕掛けた罠から始まった日本との戦争は戦う必要のないものだと思った保守派の人々は少なくなかったのです。

アメリカの本物の保守系の人々が、ワシントンＤＣのグローバリストたちから離れれば離れるほど、同じようにグローバリストを拒否する愛国者である日本の保守派の人々と足並みを揃えることができるでしょう。その意味で、アメリカの分断は、アメリカと日本の本物の保守派が接近し、お互いを理解していくことに大きく貢献しているのです。

グローバリストの武器として利用される人間の孤独感

―― グローバリストの支配から脱却するためには何が必要ですか。

モーガン　我那覇真子さんとの対談を収録した『LGBTの語られざるリアル』（ビジネス社）でも少しふれたのですが、プロパガンダ専門家のステラ・モラビト（Stella Morabito）氏の議論が示唆に富んでいます。モラビト氏は元CIA分析官として経験を積み、プロパガンダと集団心理の社会的影響について研究してきました。彼女が最近刊行した『孤独の武器化』（The Weaponization of Loneliness）では、ロベスピエールのフランス、クロムウェルのイギリス、ヒトラーのドイツ、スターリンのソ連、毛沢東の中国などの過去の歴史を振り返り、専制君主たちがどのようにして私たちの孤立への恐怖を煽り、沈黙させ、分断し、征服するのかを分析しています。

人間は、他者とつながりたいという欲求を持っています。また社会的に拒絶されることに対する恐怖があります。支配者たちは、社会的孤立への恐怖を利用して、私たちを支配しようとしているのです。近年世界的に蔓延っている「キャンセル・カルチャー」もまた、孤立への恐怖に拍車をかけています。「キャンセル・カルチャー」は、ソーシャルメディアなどを利用して、社会の大半が不適切と判断する発言や行動をしたとされる人物の存在を拒否し、取り消してしまうという現象です。過去の不祥事まで遡って、キャンセルされることもあります。一度の些細な過ちも含め、不当な追及であろうとなかろうと、社会から責めを負わされ、それが「キャンセル」の原因となって、人生を大きく狂わされてしまうということも起きます。

モラビト氏は、グローバリストに抵抗するためには、人間らしさの回復が必要だと述べています。そのためには、ソーシャルメディアを通じてではなく、直接人と会い、会話を交わし、自分の言いたいことを言うことが大切です。私は、都市の生活を離れ、田舎で生活することも重要だと思います。日本の田舎にも、そしてアメリカの田舎にも人間らしい生活が残っています。

また、メディアに氾濫する情報に流されず、自分の頭で考えることが重要です。そして、歴史の真実を発信することが重要だと思います。その意味で『維新と興亜』のようなタブーを恐れない言論誌の存在は重要だと思っています。

（聞き手・構成　坪内隆彦）

奄美群島復帰七十年
「奄美のガンジー」・泉芳朗

元日本郵便副会長　稲村公望

南部琉球と三度切り離された奄美

―― 昭和二十八（一九五三）年十二月二十五日に奄美群島が日本に復帰してから、まもなく七十年が経ちます。

稲村 私が「黒潮文明論」を書き始めたのは、奄美群島日本復帰五十年を迎えた平成十五（二〇〇三）年のことでした。同年十一月十六日には、鹿児島県の主催により、名瀬市で記念式典が開催され、天皇皇后両陛下がご臨席されました。

「奄美大島訪問」と題された御製。

復帰より五十年経るを祝いたる
式典に響く島唄の声

その時私は、改めて奄美復帰運動の歴史を振り返り、「奄美の本土復帰運動は、日本人の民族自決の民族運動で、異民族支配に対する抵抗であったことは疑いの余地がない」と書きました。

奄美群島は、十四世紀以降、三百年以上にわたり琉球王国の支配下にありましたが、徳川幕府が開かれてからまもなくの一六〇九年、薩摩藩は琉球征討に乗り出し、奄美群島は、南部琉球から切り離され、薩摩の直轄地となりました。明治維新後、奄美群島は明治四（一八七一）年の廃藩置県により鹿児島県に帰属することになりました。そして、昭和二十八年の本土復帰の際にも、奄美群島は沖縄と切り離されたのです。

「奄美のガンジー」・泉芳朗

――奄美はいかにして本土復帰を果たしたのでしょうか。

稲村　ＧＨＱによる日本占領下の昭和二十一（一九四六）年二月、「奄美など北緯三〇度以南を日本から分離する」とＧＨＱは通告してきました。奄美は米軍の施政権下に置かれ、本土への渡航や物流が禁止、制限されました。そのため、奄美は慢性的な物資不足にあえいでいました。

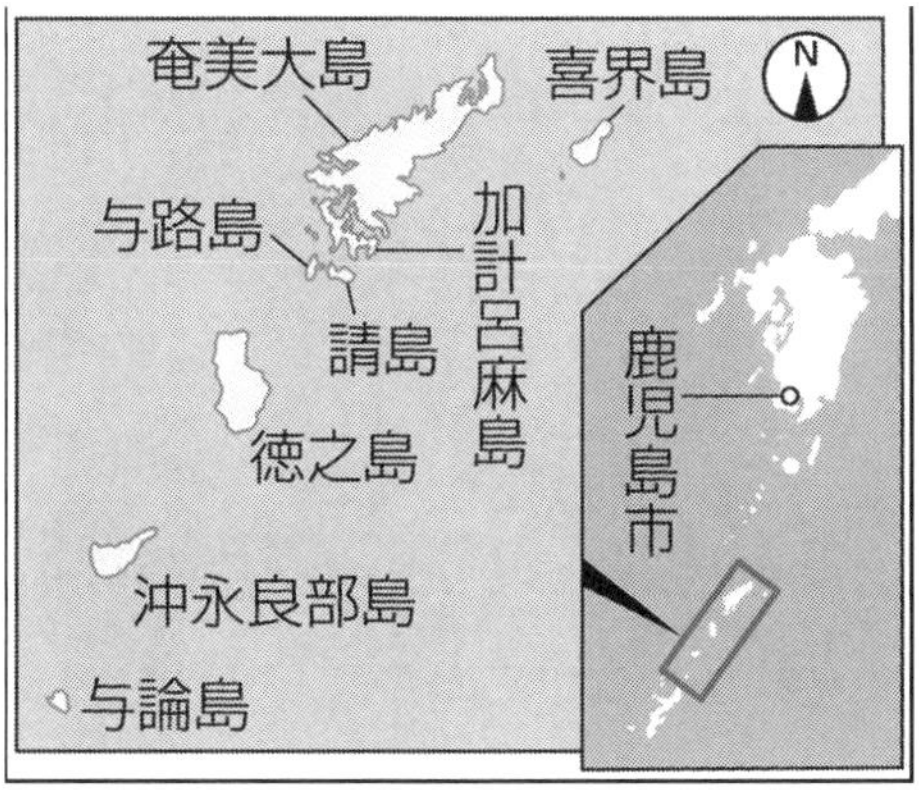

昭和二十七（一九五二）年四月二十八日にサンフランシスコ講和条約が発効し、日本は主権を回復しましたが、北緯二九度以南の奄美や沖縄、小笠原では米軍による統治が続いたのです。

奄美では、講和条約が結ばれる前の昭和二十六年二月に奄美大島日本復帰協議会（復協）が発足していました。復協には、その前年に設立された奄美大島社会民主党を主体に、青年団や労組、婦人会、高校生自治会などが参加しました。

復協の議長に就いたのが、元教諭の詩人・泉芳朗先生でした。泉先生は明治三十八（一九〇五）年に徳之島の面縄に生まれ、鹿児島第二師範学校を卒業、奄美大島の赤木名、古仁屋、徳之島の面縄の各小学校で勤務しました。昭和三（一九二八）年に上京、小学校の教員を続けなから詩作に励みました。昭和十二（一九三七）年に帰郷して、伊仙、神之嶺小学校に勤務しています。

――泉氏はどのような運動を展開したのですか。

稲村　泉先生は徹底した非暴力による運動を展開しました。「奄美のガンジー」と呼ばれる所以です。「奄美大島日本復帰協議会結成宣言」は次のように書かれていました。

「おもうにわが郷土奄美大島の日本復帰は民族的に歴史的に将又文化的に見て当然実現さるべきものであ

日本復帰を訴える泉芳朗（1951 年頃）

り終戦このかた二十余万全住民のひとしく望んでいる悲願であります。われわれは講和会議を目前にひかえ、われわれの悲願である日本復帰を全住民の血の叫びとして、今や何等かの形で全世界ならびに各種国際的機関に向かって音思表示すべき好機に立たされております」

復協はまず署名運動に取り組みました。二カ月足らずで十四歳以上の九九・八％に当たる約十三万九千人分を集めました。この署名が国会を動かすことになり、衆議院では「祖国復帰に一層の努力を政府に求める決議案」が採択されています。

アメリカに有効だった非暴力の抵抗

――泉氏は断食祈願を展開しています。

稲村　昭和二十六（一九五一）年八月一日、泉先生は名瀬の高千穂神社で五日間、百二十時間にわたる断食祈願に入りました。神社を選んだのは、宗教的な行為だという名目をとり、米軍側の取り締まりを避けるためでした。泉先生の呼びかけに応えて、全奄美群島の住民が断食を始めたのです。小学生までが断食の輪に加わったといいます。

断食の最終日、泉先生は断食に加わった島民に向かって、「断食祈願」と題した自作の詩を披露しています。

「よしや骨肉ここに枯れ果つるとも／八月の太陽は／燦として 今 天上にある／されば 膝を曲げ 頭を垂れて／奮然 五体の祈りをこめよう／祖国帰心／五臓六腑の矢を放とう」

――「奄美のガンジー」の出現に、アメリカはどのように反応したのでしょうか。

稲村　断食祈願の広がりにアメリカは苛立っていました。後に国務長官に就くジョン・フォスター・ダレスは、外務省条約局長の西村熊雄や吉田総理に対して不満を述べていました。

「講和会議が近づいてからの日本国民の態度には遺憾の点がある。ハンガーストライキをするとは心外である。……ハンガーストライキのような示威行動をされることは、アメリカの立場をきわめて困難にする。日本のため、いろいろはかってやりながら、なお日本国民のデモンストレーションを受けるようでは、アメリカ人は納得しない。日本人の自制を望みたい」

ジョン・フォスター・ダレス

つまり、泉先生が展開した嘆願書運動や断食祈願は、暴力的な闘争以上にアメリカを苦しめる戦術だったということです。アメリカは、たとえ建前にせよ「アメリカは日本人を独裁政権から救い民主主義をもたらしている」と主張している以上、「アメリカに対して非暴力による日本人の抵抗運動が広がっている」と世界が認識することは避けたい事態だったのでしょう。

沖縄の基地問題や日米地位協定の問題をアメリカに訴える方法として、泉先生の手法は参考になるはずです。

ロバート・エルドリッヂ氏が指摘しているように、国務省は次第に、奄美を日本に返還すべきだという考え方に傾いていきました。しかし、アメリカの軍部は沖縄・奄美を永久に日本と切り離すという考えでした。

「復帰の歌」を歌って街宣した高校生たち

――　昭和二十七年九月二十六日、NHKはトップニュースで「奄美群島の返還は間近」と報じました。

稲村　この報道に奄美の人たちは歓喜の声を上げました。ところがその翌日、毎日新聞は岡崎勝男外相とマーフィー米国大使との会談について、「北緯二七度半以北の奄美諸島の返還を考慮中」とスクープしたのです。北緯二十七度半とは、徳之島と沖永良部島の間です。

――沖永良部島と与論島は切り離されるということですね。

稲村　この報道に素早く反応したのが、沖永良部高校（沖高）の生徒でした。沖高で国語を教えていた佐伯植美教諭は、「復帰の歌」を作詞しました。

　なんで還さぬ　永良部と与論
　同じ同胞　奄美島
　友よ歌おう復帰の歌を
　われら血を吐く　この思い

当初は、当時流行していた「異国の丘」の曲に合わせて歌っていましたが、沖高生たちの要望で、沖高で音楽を担当していた柴喜与博教諭が新たに作曲し、現在の形になりました。

沖高生たちは、「復帰の歌」を歌いながら街宣活動を展開しました。プラカードを掲げ、メガホンを手にして行進し、「沖永良部・与論を切り離すな」と声を枯らして叫んだのです。

また、復帰運動の終盤、運動方針を巡る路線対立が生じた際、ロシア文学者で、復帰対策全国委員長を務めていた昇曙夢は「日本復帰という大目的達成のためには小異を捨てて団結してもらいたい」と訴え、復帰運動の分裂を回避しました。薩摩・琉球だけではなく、日本・中国・朝鮮の古典を渉猟し、奄美に残る豊富な民俗文化を蒐集した昇曙夢は、昭和二十四年には『大奄美史』を刊行していました。

昇曙夢

こうした運動の成果が実り、ついにアメリカは決断しました。昭和二十八年八月八日、ダレス国務長官は、「平和条約第3条に基づいて奄美群島に関して有する権利を…放棄する」との声名を発表したのです。こうして奄美群島は、同年十二月二十五日、日本へ復帰しました。その日、泉芳朗先生は、「今ぞ祖国へ」という詩を作っています。

　流離の日日はおわった　苦難のうず潮は去った

ながい　空白の暦を閉じて　この目にあおぐ　日の丸の空　見よ　高らかに花火を打ち放って　ぞんぶんに湧きかえる　奄美の山川草木　うからや から　われらもろもろ　いまぞ祖国に還る

奄美群島復帰運動は、平和的、合法的な抵抗運動の強さを示していると思います。奄美出身の元最高裁判事、谷村唯一郎氏は、「刀に血をぬらないで、平和的に合法的な運動を反復して純粋な民族運動によって領土を勝ち取った。これは世界史上、類を見ないことだ」と評価しています。

冒頭に述べた奄美群島日本復帰五十年記念式典には、天皇皇后両陛下がご臨席されたにもかかわらず、総理大臣は出席していませんでした。そして今回、七十周年を迎えるに当り、政府は再び消極的な姿勢をとっているように見えます。政府は、奄美復帰運動の歴史を内外に示す機会を最大限生かすべきだと思います。

「非暴力による抵抗」という奄美復帰運動の成功の歴史を日本人が深く理解し、それを世界に発信することは、北方領土問題をはじめ、わが国の領土問題の解決にも貢献することになるはずです。

（聞き手・構成　坪内隆彦）

三島由紀夫・森田必勝両烈士追悼恢弘祭斎行

令和五年十一月二十四日、東京・新宿のワイム貸会議室高田馬場において、「三島由紀夫・森田必勝両烈士追悼恢弘祭」が斎行され、全国各地から百六十名が参列した。昭和四十五年十一月二十五日、三島由紀夫烈士、森田必勝烈士ならびに楯の会会員三名が、市ヶ谷の陸上自衛隊東部方面総監室を占拠し、憲法改正を訴えた楯の会義挙から、今年で五十三年を迎える。

第一部・追悼恢弘祭では、櫻井颯氏による祭詞奏上に続いて、恢弘祭実行委員会・木村三浩委員長が祭文を奏上し、次のように訴えた。

〈対米追従を決めこむ岸田政権は、日本国の主権と伝統的価値観に基づいた国家理性を発揮することができず、自主独立の気概なく、政治、経済、文化、教育、国民の誇りをすべて喪失させていっています。三島烈士の「日本が自主性を恢復しなければ日本は滅びる」とのご指摘は的中していると言わざるを得ません。我らは、三島烈士とともに、憂国者・森田必勝烈士が身命を賭して訴えたヤルタ・ポツダム体制打破の狼火が大火となるまで種火を残し続けるとともに、自らも微力ながら行動を展開し、両烈士の義挙を社会に開陳し、点から線に、そして面にする努力を怠らない決意です〉

第二部・記念講演では、京都大学大学院教授で安倍内閣時の内閣官房参与を務めた藤井聡氏が、「三島なら、この令和の時代をどう生き、どう死ぬのか」と題して講演、以下のように訴えた。

〈これだけ三島由紀夫のことを、ずっと心に秘め続けたことを人前で話したのは、生まれて初めての事であります。

しかし今日は恢弘祭です。恢弘しなければならない祭なのです。三島に対する思いには色んなものがあるわけですが、まことに僭越ながら、今夜は、そんな様々な思いの中でも、ど真ん中にあるものを、恥を忍んで初めて人前でお話しさせていただきました。

恢弘してまいりましょう。我々が恢弘できない限りにおいて、日本など存在していても意味がないのです。

陛下に申し訳が立たない。だからこそ、本日は、皆様と改めて、三島の思い、森田の思いを、それぞれの精神、魂において共に感ずることができたことを心から感謝したいと思います。

三島由紀夫と森田必勝が、昭和四十五年十一月二十五日のあの日に、あの「挙」に出た瞬間があったからこそ、本日のこの時間があり、この今の自分自身の、そして皆様の気持ちがあるのです。そして何より、あの「挙」があったからこそ、皆様と共に日本全体に「恢弘するもの」を我々が今、手にできているのです。それがなくても我々日本人は、日本を日本の真姿に戻す思いなり運動なりを何らかの形で始めていたのかも知れませんが、あの「挙」があったからこそ、ここではっきりと、我々は我々がなさねばならぬことを認識し、日本に「恢弘すべきもの」をクッキリとした輪郭の下で認識することができているのです。その意味において、それは誠にもってかけがえのないとしか言いようの無い「挙」であったのです。

つきましては三島由紀夫、森田必勝のその挙に対し、彼らの人生、真心、御霊に対して、日本人として心から感謝の意を、改めて強く強く、ここに申し述べたいと思います〉

新興国スポーツ大会と日本
アジアとの信義則が果たされた瞬間

（一社）もっと自分の町を知ろう 会長　浦辺　登

ガネフォ会六〇周年に参加

２０２３年（令和５）11月３日、東京・銀座で開かれた「ガネフォ会60周年」に参加した。ガネフォ会とは１９６３年（昭和38）11月にインドネシアで開催されたスポーツ大会の略称であり、出場した水球選手の同窓会的な会合。日本、アジア、世界のスポーツ史においてガネフォは特異な大会であり、長年、スポーツ界やメディアにも封印されてきた。筆者は２０１３年（平成25）に『アジア独立と東京五輪』というガネフォに関する一書を刊行したことから水球チームの方と縁ができ、ガネフォ会に参加する機会をいただくことに。更に、当時、日本人選手団長として大会に臨まれた頭山立國氏（玄洋社・頭山満の直孫）とも繋がったのだった。

ガネフォとは

ガネフォとは正式にはThe Games of New Emerging Forcesと記す。簡略にＧＡＮＥＦＯと縮めたものだ。日本語では、新興国スポーツ大会と呼称する。参加国は47カ国、参加選手２５６４名と、オリンピックに匹敵する国際的なスポーツ大会である。このため、「幻のオリンピック」と呼ばれることもある。

なぜ、これほどのスポーツ大会がインドネシアで開催されたかといえば、１９６２年（昭和37）８月にジャカルタで開催された第4回アジア大会が起因だ。インドネシアはアジア大会といいながら、中華民国台湾、イスラエルを大会に招請しなかった。参加資格がありながら招かなかったことから、ＩＯＣ（国際オリンピック委員会）などが、このアジア大会を正式な国際競技大会とは認めないと通告してきた。この国際競技大会と認められないことは、１９６４年に東京で開催されるオリンピック出場への選手資格へと直結する問題だった。

　そこで、インドネシアのスカルノ大統領はＩＯＣを脱退。独自に欧米主導の近代オリンピックに対抗できるスポーツ大会を開催すると宣言した。これが、ガネフォと呼ばれる大会だ。

近代オリンピックとは

ガネフォ水泳チーム

　では、なぜ、これほどまでにスカルノ大統領がＩＯＣに反発を抱くのか。それは、近代オリンピックの起源が植民地支配につながるからだ。国連は「国際平和の機関」と日本人は刷り込まれてきたが、１９６４年（昭和39）のアジア初のオリンピックである東京大会は、「平和の祭典」「スポーツの祭典」との印象づけられた。これは現在も変わりない。しかし、近代オリンピック開催を主導したフランスのクーベルタン男爵の考えは別のところにある。隣国ドイツ（プロシア）との戦争に苦戦するフランス青年貴族をみて、その軟弱ぶりを嘆いた。そんなことでは、植民地を統治することなどできない。精神的にも肉体的にも強靱でなければならない。その手段としての近代オリンピックだった。「より速く、より高く、より強く」というオリンピックのフレーズは、ラグビーの敢闘精神からの転用であり、支配者として被支配者に対する優越を意識させる言葉だった。この言葉の背景には、白人優位の優勝劣敗思想が影響している。近代オリンピックだが、この白人優位、優勝劣敗思想に果敢に挑んだのが嘉納治五郎だ。１９０９年（明治42）、嘉納はＩＯＣの委員に選ばれた。日本は日清、日露という対外戦争に勝利し、欧米諸国は日本のアジアにおける軍事的優位に注目した。特に、フランスは植民地ベトナムの支配において日本軍利用を目論むほどだった。日本のオリンピック出場は１９１２年の第５回ストックホルム大会からだが、選手団を送る以前から嘉納をＩＯＣ

の委員に選出するというフランスの魂胆を見抜かなければならない。しかし、嘉納はその意図を逆手にとって「国民体育の隆盛によって日本人を世界の舞台に」、ひいては抑圧されるアジアの人々の希望になるようにと考えていた。

ちなみに、1948年（昭和23）のロンドン大会では、敗戦国である日本、ドイツに対するオリンピック出場の招請状は出されていない。オリンピックはスポーツを通じて友好を図る「平和の祭典」ではなく勝者のイベントである。このオリンピックの思想、勝者のイベントを知って以来、筆者はオリンピックを「欧州貴族の運動会」と揶揄している。

ガネフォ出場への妨害

嘉納の「柔よく剛を制す」の思想から考えれば、アジア初の1964年（昭和39）の第18回東京オリンピックは日本の戦後復興、独立したばかりのアジア諸国の晴れ舞台にふさわしい。日本のスポーツ選手は誰もが東京オリンピック出場を夢見た。その出場資格の選考大会が1962年（昭和37）の第4回アジア大会だった。しかし、先述の通り、招請国の問題からIOCなどが、このアジア大会を正式な国際競技大会とは認めないと通告。オリンピック開催を控えた日本は、日本体育協会、JOC（日本オリンピック委員会）を中心に紛糾が続いた。そこに、スカルノ大統領が独自のスポーツ大会であるガネフォ開催を宣誓。日本にもガネフォ出場を打診してきた。最終的に東京オリンピック組織委員会委員長、事務局長が辞任にまで及ぶ。

しかし、メンツを潰された形となったIOCはガネフォに出場した選手は、オリンピック出場の資格を剥奪すると言ってきた。このことから、日本体育協会、JOCはダンマリを決め込み、実質的にガネフォ出場を見送ることにした。ところが、インドネシア、アジアとの連帯を主張するアジア主義者たちが頭山立國、柳川宗成（中野学校出身元陸軍大尉、インドネシア独立義勇軍指導者）を先頭に、独自に選手団を編成してガネフォ出場を計画した。その計画は、ことごとく妨害工作を受け、特に出場を強行した水球チームは日本水泳連盟からの除名処分を食らった。マスコミは「スカルノのワガママ」として批判し、敗戦国日本はアジア諸国を見捨て欧米列強に追従する姿勢を強めたのだった。

＊除名処分は、1972年（昭和47）の日中国交樹立後、中国からの圧力によって解除された。

ジャカルタに到着

日本のスポーツ界、マスコミのバッシングもモノともせず、1963年（昭和38）11月2日、先発の水球チームを乗せたガネフォ出場日本選手団が、羽田空港を飛び立った。インドネシア・ガルーダ航空の飛行機だ。インドネシアに到着すると、空港を無数の現地民が取り囲み「日本が来た！　日本は裏切らなかった！」と興奮した。

日本選手団の入場行進

スカルノ大統領、アジアとの信義則が果たされた瞬間だった。ガネフォ開会式では各国の入場行進が行われる。この入場行進だが、日本選手団の行進を指揮したのは柳川宗成だった。インドネシア独立義勇軍を指揮した時と同じく、「イッチ、ニ、イッチ、ニ」と練習。開会式ではスタンドから「ヤナガワ、タイチョー」との声援が飛ぶほど、柳川宗成の人気は高かった。入場行進の写真を見ると、整然と行進する選手の姿は見事だ。

＊入場行進などの写真については拙著『玄洋社とは何者か』177頁以降を参照していただきたい。

1963年のガネフォ。1964年の東京オリンピック。この両大会に共通するものがある。それはガネフォ日本選手団長は玄洋社・頭山満の直孫である頭山立國氏。後任の東京オリンピック組織委員会会長を務めたのは玄洋社理事であった安川第五郎。まさに、阿吽の呼吸のアジア主義団体・玄洋社の姿だ。

しかし、記念すべき「ガネフォ会」も今回の60周年で終了となり、歴史に幕を下ろした。今一度、スポーツ界、マスコミの再評価を期待したい。

天皇を戴く国
時代を超えて生きる一つの精神（十二）

元衆議院議員
西村眞悟

ツヴァイクの「人類の星の時間」

十九世紀後半に、オーストリアの裕福な家に生まれたユダヤ系作家シュテファン・ツヴァイク（一八八一～一九四二年二月二十二日）は、ビザンチンの陥落やワーテルローの戦い、また、太平洋の発見やドストエフスキーが死刑を免れた瞬間などの「歴史的な決定的瞬間」を「人類の星の時間」と名付けた本を書いた。

ツヴァイクは、一つの天才精神が生きると、その精神は多くの時代を超えて生きつづける。そして、避雷針の尖端に大気全体の電気が集中するように、多くの事象の計り知れない充満が短い瞬時のなかに集積されるとした。

そして、彼は、ヨーロッパのなかのことに関心を限定させながら、ナチスのユダヤ人排斥でオーストリアからの亡命を余儀なくされてブラジルに渡り、日本軍が、イギリスの三百年にわたるアジア支配の牙城であるシンガポールを陥落させたことを知った七日後に、ブラジルでヨーロッパの前途に悲観し睡眠薬を過剰摂取して、妻と共に自殺した。このツヴァイクは、明治維新で世界史に参入した日本の歩みと、日本が造りだした第二次世界大戦後の世界を観なかった。従って、日露戦争におけるロシア軍を打倒した日本軍の戦いや、大東亜戦争において日本が掲げた「帝国政府声明」や「大東亜共同宣言」を知らない。

しかし、彼が「人類の星の時間」と呼んだ「一つの精神が時代を超えて生きること」と「偉大な精神が避雷針の尖端に全大気の電気を瞬時に集積されること」は、我が国の歴史のなかにこそ、よく見いだしうることである。よって、以下、そのことを記す。

まず、「橿原建都の令―八紘為宇の詔」を発せられた初代神武天皇は、大和国橿原に都を定められ、まず、民を「おほみたから」と呼ばれて、次の通り宣言された。

「義必ず時に随ふ。苟《いやしく》も民に利有らば、何ぞ聖造《わざ》に妨《たが》はむ。八紘を掩ひて宇と為む」と。即ち、「国民の利益となる福祉の向上こそ私の任務である。」そして、「我が国を、一つの屋根の下の一つの家族のような国にしよう」と。

また、古代の第十六代仁徳天皇は、ある時、今の大阪市中央区高津付近の高殿から民の家々を眺められた。そして、民の竈から煙が上がっていないのを知り、三年間、租税を免除された。そして、三年後に、民の竈から煙が国中に満ちるように上がっているのを眺められ、「我、既に富めり」と喜ばれた。

すると、横にいた皇后が、天皇に言われた。「貴方の着物はボロボロで、私たちが住む宮殿は壁が壊れ屋根は破れ、風が吹き抜け雨が漏れるのに、何故、豊になったと言われるのですか?」と。天皇は次のように答えられた。

「其れ天の君を立つることは、是百姓《おほみたから》の為なり。然らば則ち君は百姓を以て本となす。是を以て古の聖王《ひじりのきみ》は、一人も飢え寒《こご》えれば顧みて身を責む。今百姓貧しきは即ち朕が貧しきなり。百姓富めるは即ち朕が富めるなり。未だ百姓富みて朕の貧しきこと有らず」

さらに、神武御創業から二千五百二十八年後の明治元年三月十四日、若き明治天皇は、「五箇条の御誓文」とともに発せられた「國威宣布の宸翰」において次の通り言われた。

「今般朝政一新の時にあたり、天下億兆、一人も其處を得ざる時は、皆朕が罪なれば、今日の事、朕、自ら身骨を労し心志を苦しめ、艱難の先に立、古列祖の盡させ給ひし蹟を履み、治績を勤めてこそ、始めて天職を奉じて、億兆の君たる所に背かさるへし」

以上の神武天皇に続く仁徳天皇の御言葉と二千数百年の時空を隔てて発せられた明治天皇の御言葉は、世界政治史上、「天皇のしらす國」である日本でしか発し得ない言葉であり、我が国の萬世一系の天皇が保持されているツヴァイクのいう「一つの精神が時代を超えて生きる」尊い証である。

日本臣民の「時代を超えて生きる精神」

次ぎに、この萬世一系の天皇と家族の如く一体である日本国民(臣民)の「時代を超えて生きる精神」は、「尊皇」であり「七生報国」である。その実例は建武三年(一三三六年)五月二十五日の湊川だ。即ち太平記、「正季、からからとうち笑うて、七生まで、ただ人間に生まれて、朝敵を滅ぼさばやとこそ存じ候へと申しければ、正成、よに嬉しげなる気色にて……われもかやうに思ふなり。いざさらば、同じく生を替えて、この本懐を達せん」

さらに、記録によれば、楠正成に先立つこと六十二年前の文永十一年(一二七四年)十月五日、突如、対馬の小茂田浜に上陸してきた数千の蒙古軍に対して、対馬守護代宗資国(六十八歳)以下八十余騎は、微笑みながら突撃して玉砕した。元軍の大将忻都《キンドゥ》は、「自分は色々な国の敵と戦ってきたが、こんな恐ろしい敵に会ったのは初めてだ」と言った。

熱心に戦史を研究した楠正成が、六十二年前の未曾有の國難、元寇における宗資國の戦いを知らないはずはない。対馬の宗資國ら八十余騎の、蒙古軍に対する微笑みながらの突撃と玉砕、湊川での楠正成と弟正季等の自決は、「日本の星の時間」である。

そして、以後、日本民族のなかに、楠正成は、甦り始める。まず、正成没後三百三十年の元禄五年(一六九二年)、徳川光圀公が正成自決の地湊川に「嗚呼忠臣楠子之墓」を建てた(湊川建碑)。するとこの墓碑は直ちに山陽道の名所の一つになり、山陽道を上り下りする人々はこの墓碑を仰いで往来するようになった。そして、十年後の元禄十五年、大石内蔵助ら赤穂の四十七士が吉良邸に討ち入って吉良上野介の首を討ち取った時、誰からともなく、

楠の　いま大石と　なりにけり　なほも朽ちせぬ
忠孝をなす

という歌が広がった。吉良家は徳川時代に足利家の正統を保っていた家だったからだ。

その湊川建碑から百五十年が経った時、幕末の志士たちは、続々と湊川の碑に参拝をして涙を流した。西郷隆盛も有馬新七も訪れた。吉田松陰は三回訪れて泣

いた。

　そして、明治維新直後、明治天皇は、太政官布告で豊太閤（豊臣秀吉）と楠中将（楠正成）の名誉を回復され、明治元年四月二十一日、湊川神社の創建をお命じになった。

　さらに明治元年十一月五日、明治天皇は「故大石良雄等を追賞し給ふの勅宣　汝良雄等、固く主従の義を執り、仇を復して法に死す。百世の下、人をして感奮興起せしむ。朕、深く嘉賞す。今東京に幸《みゆき》す。因りて使権辨事藤原獻を遣し、汝等の墓を弔はしめ、且つ金幣を賜ふ。宣す。」を発せられた。


　従って、我が国の歴史において、大石内蔵助ら赤穂四十七士の吉良邸討ち入りは、「日本民族の星の時間」となった。同時に、我が国が参入した国際情勢のなかで勃発した日清日露の戦争から第一次世界大戦と大東亜戦争を戦い続けた日本国民のなかで、楠正成を思うことなく戦場に向かった人は皆無であっただろう。そして、これから深刻さを増す我が国を取り巻く国際情勢の中で、楠正成の甦りは、必至である。

誠の人　前原一誠　完

吾今国のために死す　死しても君恩に背かず

本誌副編集長　小野耕資

※前号までのあらすじ

佐世八十郎（前原一誠）は、落馬で足を悪くした陰気な青年だったが、二十四歳の時に松下村塾に通い吉田松陰に触れる運命的な出会いを果たし、松陰からは「誠実人に過ぐ」と評され、師の死後その言葉を胸に「一誠」と名乗る。やがて松下村塾塾生は国事に奔走し、久坂玄瑞、高杉晋作ら仲間は次々と横死していく。そして維新が成るも一誠は失望し萩に帰った。萩では松陰の師玉木文之進の一党と結託、秋月の変、熊本敬神党の変と次々と立ち上がっていく。いよいよ一誠も起つ！

天皇に奏上するために起つ！

一誠は頭を悩ませていた。起つか起たざるかではない。その起つための檄文をどうするかという問題である。このあたり理屈ぽい長州人の悪い癖が出ているが、とはいえ歴史に残る義挙である。必ず自らの正義を後世に残る形で訴えなければならない。檄文は奥平兼輔が起草した。檄文は有志宛、関口隆吉県令宛、鎮台士官宛と三種類ある。一誠の主張は要約すれば以下の三点である。

・民の疾苦を傍観し得ざること
・忠義の志がなければ賊吏の私人であり天皇を守る存在ではない
・天皇に奏上し、諫死するつもりであること

一誠は天皇と敵対するつもりは無論なく、ましてや政府転覆すらするつもりはなく、一死以て政道を天皇に訴えることだけが目的であった。そしてそれこそが

師吉田松陰からの教えであった。

一誠は、旧藩校の明倫館を拠点にして挙兵のために同志を集め始め、殉国軍を組織した。「殉国軍」であるからして、もはや助かる気など微塵もない。ただ己の生き様で真の忠義を大臣どもに見せつけてやるという気持ちであった。

当初、一誠は県庁襲撃を計画していた。しかしそれはできないと早々に判断した。計画が漏れていたからである。ここで蛮勇を振るうよりも、むしろ明治天皇への直訴を目指し、海路山陰道からの東上を始めることとなった。一誠は関口県令に自分が兵を起こしたのは途中の妨害を防ぐためであって戦争が目的ではないという書状を送り付けた。この関口県令は旧幕臣で一誠にも同情的であったようだが、とはいえ職務としてそれをおいそれと許すわけにはいかない。やむなく一誠の捕縛を命じた。

死に場所を求めてさまよう

一誠は日本海側を東上しようとし、江崎に上陸して情勢をうかがった。益田、浜田へと山陰道を進む予定だったのである。だが江崎に着くと、明倫館は占拠され、萩に残した関係者は捕縛され牢屋にぶち込まれているという。一誠の隊内はこの情報により少なからず動揺した。萩に引き返し、戦おうという声も起こり、結局萩に戻ることになった。この辺りの一誠は方針に一貫性がなく二転三転している。だがもはや一誠は死に場所を求めてさまよう存在と言ってもよい。戦闘における効果などは大した問題ではないといったところであろう。

萩に戻った殉国軍は政府軍に襲い掛かった。初日の戦闘では殉国軍が優勢で、政府軍に多くの死傷者を出した。だが政府は軍艦を萩沖まで出し、広島鎮台からも兵力を出して殉国軍を遠巻きに包囲する様相を見せた。緒戦でこそ勝利したものの、物量、兵力の差は決

定的であり、また殉国軍には持久戦を戦えるだけの物量がそもそもなかった。

奥平らは「敵陣に突撃して斬り死のうではないか」と主張した。だが一誠は、「死ぬのはいつでもできる。私が立ち上がったのは世を攪乱するためではないのだ。天皇陛下の元に伏して大義を奏上することにある」と主張した。そこで一誠ら数名が大義を奏上するため、秘密裏に山陰道を再び東上することにしたのである。東上するあたりで一誠が息子昌一と弟山田顕太郎の子克介にあてた手紙には次の一節がある。

「尊攘の大義を重んじ売国の奸臣を悪み、かしこくも上天皇陛下の御ため下万民のため臣下の大義を天下後世に明らかにせんとす。却て奸人術中に陥り志遂げず中道にて死す。汝生長の後我ら心中察せらるべく候」。

一誠は助かる見込みがないことを見通していたのである。

一誠が脱出する時間を稼ぐために、殉国軍は突撃する。松陰の師玉木文之進の養子にして乃木希典の弟玉木正誼は、この戦闘にて戦死。享年二十四。松陰の兄杉民治の子で松陰亡き後の吉田家を継いだ吉田小太郎も戦死した。亡き父松陰の志に殉じるため、先頭を切って小太郎は白刃を振るい、戦死した。享年十九。

宇龍港で捕縛される前原一誠（月岡芳年画）

殉国軍も度重なる突撃でさすがに疲弊し、勢いが衰えてきた。敗勢を悟ると、玉木文之進も、一誠の父佐世彦七も切腹して果てた。彼らは何も言わず、古武士の風格だけを残しこの世を去ったのである。

一誠はと言えば、海上山陰道を東上していたが、悪天候のため停泊した宇龍港で政府に見つかった。一誠は島根県令の佐藤信寛らに包囲され、捕縛された。

そして一誠は再び萩に護送されるのである。

一誠の刑死

一誠は、佐藤信寛らの尋問に、政府の悪政がいかに万民を苦しめているかを強く述べ、自分は世を攪乱するためではなく、こうした悪政を諌死して糺すべく立ち上がったのだと述べた。特に強調したのは地租改正である。地租改正は王土王民に反する。王土を国土にするのは尊皇と言えるか。自分はこれを賊とみなす。こんな世になるならば、維新などやるべきだったのか。藤田東湖は我が国の制度は唐に倣ったが、放伐と禅譲は採らなかったと述べた。しかしいまやすべてが欧米に倣っている。国体が重いことは言うまでもない。欧米文明はその長所を採るくらいでよい。そして今の政府高官は私利を貪り豪商とつるみ民を蹂躙している。だから許せないのだと明快に述べた。

佐藤信寛も吉田松陰の教えを受けた人物である。一誠の望みをかなえるべく、東京に送るべき旨を中央政府に書き送った。しかし政府からの通達は無慈悲にも司法卿大木喬任を向かわせるからその指示に従えというものであった。ここに一誠は佐賀の変の江藤新平と同じく、碌な裁判もなく刑死することが事実上決定したのである。

明治九年十二月三日、一誠は刑場に引き出された。一誠、佐世一清、山田頴太郎の三兄弟や奥平健輔ら八名が首謀者として斬首されることとなった。

白装束の一誠はひときわ凛として、ともに刑死する一同に述べた。

「ただいまより冥途に参る。何にしても勤皇が第一じゃけんのう」

一誠はそう述べて死に就く覚悟を示した。辞世の句には「吾今国のために死す　死しても君恩に背かず」の一節がある。そして楠公父子の「摂河泉州」という勤皇詩を朗々と吟じた。また、戯句として「これまでは　いかい御苦労　からだどの　よびだしの声　まつむしや秋の風」と詠んだとも伝わっている。体の弱い一誠は何事かを成す人間ではなかったかもしれないが、師に導かれ、同輩に助けられここまで来た。何とか誠を貫くことのできた晴れやかな気持ちでいっぱいだった。

一誠は明治政府に反抗したかもしれないが、断じて明治天皇に背く心はなかった。仮に明治天皇に奏上が叶い、天皇から、「おまえの気持ちはよく分かった。以後政治を改めるべく努める。しかし世を騒がせた責任として、おまえには死を命ずる」と言われたとしたら、一誠は喜んで死んだだろう。己の栄達でもなく、自分が政権をとって代わるというわけでもない。ましてや天皇に背く気持ちもない。ただ己の誠を諫死して示したかった。

一誠は、「僕等兄弟三人、心忠にして形賊なり。ただ千載の公論を待つ」と述べている。「いつの日か、自分の誠を知る者があらわれてくれる…」。こうした思いが一誠に去来していた。

こうして前原一誠は刑場の露と消えたのである。

萩の変関係者のその後

萩の変に呼応して、東京の思案橋で旧会津藩永岡久茂らが立ち上がっていた。思案橋事件である。永岡は会津藩が転封された斗南藩の小参事であり、東西から立ち上がる計画を一誠と示し合わせていた。しかし警官隊にすぐに見つかり斬り合いとなり、捕縛された。永岡は事件の時に負った傷が元で獄中死し、その他首謀者は斬罪となった。永岡ら旧会津藩の人間が一誠に期待したのも、戊辰戦争の際に一誠は旧幕府軍にも寛大な処置を取ったからである。

佐藤信寛はさすがに松下村塾一党の前原一誠を捕縛したことを後ろめたく思ったのか、ほとんど弁明を許さなかった政府の方針に疑問をもったのか、萩の変後、一切の官職を辞した。その子孫が岸信介であり、佐藤栄作であり安倍晋三である。戦後の政治を牛耳った長州閥は一誠を捕縛した側であった。果たして栄達を極めた彼等に一誠への思いから官職を辞したであろう信寛の思いは通じていただろうか。

西郷南洲は一誠の挙にかなり期待していたようだ。変が起こった当初、大阪くらいまでは落とすかもといった楽観的な見通しも述べている。西郷南洲にとって一誠は、誠を重んじる信用のおける人物だったのである。

三宅雪嶺は大正十四年、藩閥政府の横暴を憎み、前原一誠刑死前最後の一夜を題材に戯曲を書いている。その筆致は一誠に同情的であり、一誠の死を惜しんでいる。

　頭山満は前原一誠について、「前原はその名の通り誠の人ぢゃつた。志は南洲翁と同じで国家の大本を造るにあつたがそれが賊名を負ふて斃れたことは気の毒である。当時大久保一派に反対して賊名を負うた者、多くは皆正直者であつた」と評している。国家の大本を正そうと志した人が賊名を背負ったことは明治時代の政界の悲劇である。これ以降、日本では国の根幹に立ち返らんとする正統派は、常に在野での活動を強いられることになる。

　一誠は木戸孝允、伊藤博文、井上馨、山縣有朋らに反抗したために、その死は長く顧みられることはなかった。妻木忠太が昭和九年に『前原一誠君伝』を書くまで、その事跡はほとんど忘れられていたといってよい。地元長州においても長く触れられたくない過去であっただろう。

　一誠は強い男ではない。体も悪く、心も憂鬱な気分にすぐに支配された。しかし師から受け継いだ尊皇の志があった。道に斃れた仲間がいた。だからこそ一誠は己の誠を貫くことができた。

　弱き男でありながら、大義を貫き誠を示した一誠の人生は、後世のわれわれの胸を打つのである。（終）

直心伝―ある武道精神と日本人 第二回

「坂本龍馬を斬った男」今井信郎

『宗教問題』編集長 小川寛大

本誌の兄弟誌というのか、ライバル誌というのか、『月刊日本』（K&Kプレス刊）という雑誌がある。筆者は現在その雑誌で、「維新者の群像――知られざる肥後尊攘史」と題した記事を連載中である。名の通り、幕末維新期の肥後（筆者の故郷でもある）に、どのような人々がいて、いわゆる尊王攘夷運動に邁進していたのかについて書いているものだ。

しかし、その連載を書き続けていて思うのだが、江戸時代、すなわち封建時代に生きた武士階級の思いを察していくことは、本当に難しい。いったい彼らはどういう性格の人物で、何を考えて生きていたのか、その細かなところが容易にわからないからだ。

しかしこういうことを書くと、以下のような反論もあるかもしれない。

「何を言っているんだ。幕末維新期というのは、〝個性的な歴史人物〟の宝庫ではないか。それこそ坂本龍馬や新選組のような……」

それは確かにそうである。しかし、それこそ坂本や新選組が代表格なのだが、そのように語られる〝個性豊かな幕末の志士たち〟とは、実は侍とは名ばかりの下級武士であったり、それどころか武士階級でも何でもないのに「われわれは侍だ」と言って、刀を振り回していたような人々である。

それを悪いと言っているのではない。そういう、社会のエスタブリッシュ層からは決して出てこない発想力、行動力で成し遂げられたものこそが明治維新だったのであり、大きな意味での革命、社会変革とは、古今東西そのようなものである。

ところで、今井信郎という人がいた。天保12年（1841）に生まれて大正7年（1918）に死んだ、直心影流の剣客である。幕府御家人・今井安五郎の息子、すなわち当時のエスタブリッシュ層と言っていい人物だった。しかし、彼の名にとりついている最も大きな肩書は、「坂本龍馬を斬った男」というものだろう。

竜馬暗殺の謎

土佐の志士・坂本龍馬は、よく知られているように慶応3年（1867）11月15日、宿として使っていた京都の醤油商・近江屋の2階で、何者かによって暗殺された。そう、〝何者かによって〟である。誰が何のために坂本を斬ったのか、それは今なお、正確なところはわかっていない。

坂本という人物を有名にしたのは、間違いなく小説『竜馬がゆく』であり、その著者・司馬遼太郎である。その司馬もまた、『竜馬がゆく』にて誰が何のために坂本を斬ったのか、はっきりとは描いていない。そもそも司馬は坂本の暗殺に関し、「あれは交通事故みたいなものだった」といった趣旨の発言をしていて、つまりあれこれとその背景について詮索することに、大した意味はないと言っている。これは歴史認識としては、結構正しい。幕末の京都とは、実に些細な話で「天誅」などと称した殺人がそこらじゅうで行われていて、本当に確たる理由も不明なまま、何かのはずみ、勢いのようなことで命をとられてしまった人もいる。殺された人々には気の毒な話だが、幕末の京都における暗殺行為とは、本当に「交通事故みたいなものだった」のである。

しかし、坂本は有名な歴史人物である。「彼の死は交通事故のようなものでした」といった話では歴史ファンらも収まらず、昔からさまざまな考察が行われてきた。いわく、新選組がやった、いや紀州藩に襲われた、はたまた薩摩藩や土佐藩がバックにいた、さらにはフリーメーソンが関わっていたといった陰謀論に近いようなものまで、「誰が坂本龍馬を殺したのか」という話には、実にたくさんの議論がある。そのようななかで現状、「かなり確度が高いのではないか」とされているものが「京都見廻組実行犯説」である。

前述したように、幕末の京都とは当時の混乱する政争の中心地で、治安も大いに乱れた、非常に物騒な場所と化していた。文久2年（1862）に京都守護職となった会津藩主・松平容保は、この京都の状況を何とかするため、浪士らによって組織された新選組を会津藩の預かりとし、治安部隊として大いに活用した。ただ同時に、京都には幕府直属の治安機関も存在し、それが京都見廻組だった。

見廻組の今井信郎

見廻組は元治元年（1864）に幕府によって結成された組織で、主に旗本や御家人の次男、三男で、剣術などに覚えのある者らを集めて隊士としていた。京都で見廻組は、祇園や三条などの歓楽街、商人街を管轄地域としていた新選組に対し、二条城や御所などの、当時の政府機関周辺を担当していた。しかし、見廻組はよくも悪くも新選組に比べて鷹揚なところがあった組織だったとされ、例えば結成当初は新選組のような厳格な隊としての規則もなく、また追跡していた尊攘派が自分たちの担当地域を出てしまうと、それ以上追わなかったなどの話も伝わっており、正直なところ、その語られてきた功績は新選組よりも見劣りがする。しかし現在、この見廻組こそが坂本龍馬を斬った、非常に有力な存在だとされているのだ。

坂本は、暗殺前年の慶応2年（1866）1月23日、京都・伏見の船宿・寺田屋で幕府伏見奉行の捕り方に捕縛されそうになり、それら捕り方を2人殺害し、包囲を破って逃げていたという経緯があった（寺田屋事件）。これによって幕府は、今風に言うと殺人、公務執行妨害の罪で坂本の捕縛命令を関係各所に発しており、この指示に従って見廻組も坂本を探していた。

すでに述べたように、坂本龍馬を誰が斬ったのかということに関しては、いま現在でも正確にわかっているわけではない。当初は新選組の関与が強く疑われていたのだが、明治3年（1870）、その前年に終結した函館戦争、すなわち五稜郭に立てこもって戦った最後の幕府軍のなかにいて、明治新政府の捕虜となっていた今井信郎が、その取り調べの最中に「坂本龍馬暗殺は見廻組の仕事である」といったことを供述して、新政府内でちょっとした騒ぎになった。

ただしこのとき、今井は「自身は見張り役で、坂本殺害の実行犯ではない」とも語っており、そのほかの見廻組の多くは戊辰戦争の過程で死んでいたこともあり、世間的には大きく注目されることもなかった。

しかし時は流れて明治33年（１９００）、見廻組の隊士だった結城無二三という人物の息子・結城禮一郎が、父およびその人脈を介して会った今井信郎から聞いた話として、「坂本龍馬暗殺の実行犯は今井信郎である」との記事を『甲斐新聞』という媒体に寄稿して、騒ぎが大きくなった。特にこの内容について、土佐藩出身で坂本とは近しかった谷干城が、自身の記憶と比較してもおかしなところが多いとし、「今井の売名行為だ」と激怒したところから、ますます世間に注目される話題となった。

もっとも結城禮一郎は自身の記事について、「事実を多少修飾」して「芝居がかりで大向うをやんやと言わせるつもり」で書いたなどと、後年、今井に対する謝罪とともに書き残しており、結局事件の詳細はまだわからないところが多い。ただ、細かいところの矛盾は確かにいろいろとあるものの、今井による「坂本は見廻組が斬った」との話には具体的な情報も多く、大枠では信用できるのではないかとする歴史家が、今日には多い。そして今井自身は、これらのことについて生涯、必要以上のことはベラベラとしゃべらなかった。しかし、今井が坂本殺害について特に強調していたことは、「これは幕府の公務として行われたことで、暗殺とは異なる」という話だった。

そもそも新選組とは、特に主も持たぬ浪人たちが一旗上げるため志願して集まってきた組織だったが、今井が見廻組に入ったのは、幕府による命令があったからだった。すでに述べたように、今井は戊辰戦争の最終局面、函館戦争まで幕府軍の一員として戦った、いわゆる佐幕派のなかでもそう多くはいなかった人々の一人である。しかし彼の事跡などをたどってみても、何か燃えるような熱情があったというよりは、淡々とした生をたどった人という感が強く、まさに〝公務〟としての義務感で動いていたような人物、といった印象さえ抱かせる。しかし筆者は、この〝淡々〟とした感じに、つまり一見何を考えているのかわからないような彼の生き方に、何とも〝武士らしさ〟を感じてしまうのだ。次号も引き続き、今井について書く。

石原莞爾とその時代③
日蓮宗から日蓮主義へ

哲学者　山崎行太郎

　私は、石原莞爾を、人畜無害な反戦平和主義者とみなすかのような、最近の薄っぺらな《石原莞爾ブーム》に反対である。最近、昭和史研究者の保坂正康や若手官僚等が、月刊雑誌『文藝春秋』などで、しきりに石原莞爾を持てはやすのを見て、思想的に何か不自然なものを感じた。反戦平和主義という戦後イデオロギーが存在感と影響力を失い、その結果、それを復権すべく、平和主義の使徒として、石原莞爾を持ち出してきたのではないか、と。石原莞爾こそいい迷惑である。

　石原莞爾は軍人であり、尚且つ、大東亜戦争の引き金となった満洲事変の主導者であり、実行者である。それほど安全な、人畜無害な軍人ではない。東京裁判で《A級戦犯》として絞首刑が決まり、直ちに、刑が執行された東條英機等と同様にA級戦犯として絞首刑になってもおかしくない人物である。石原莞爾がA級戦犯として絞首刑を免れたのは、戦争中、たまたま陸軍内部の意見対立や人事抗争のあげく、予備役に回され、実質的に現役軍人ではなかったからである。少なくとも石原莞爾は、反戦主義者でも平和主義者でもなかった。石原莞爾の主著『世界最終戦争論』を誤読して、反戦主義者や平和主義者に仕立て上げるとは、最近の日本の思想的劣化を象徴する珍事件である。石原莞爾は、戦前、《戦争イデオロギー》として猛威をふるった《軍国主義》や《天皇制ファシズム》、あるいは《八紘一宇》や《五族協和》《王道楽土》などの戦争イデオロギーの理論的根拠となったと言われる日蓮主義的な宗教団体《国柱会》の熱心な会員（信者）だった。前に取り上げた宮澤賢治と同様である。私が、石原莞爾を宮澤賢治と並べて論じるのはジャンルは違うが、同じく戦争協力的な過激な思考力と実行力を持っていたからである。

それは、国柱会との関わりをみればわかる。言い換えれば、それは、国柱会という日蓮主義的宗教団体の思想的感化力、感染力、影響力の大きさということでもある。石原莞爾は、『世界最終戦争論』の講演で、戦争や戦略、あるいは戦術だけを論じているのではない。実は熱心に宗教を論じている。しかも、戦後、多くの日本人が抵抗を感じる《国柱会》や《日蓮》や《日蓮宗》である。つまり、《国柱会》や《日蓮》や《日蓮宗》を抜きにした石原莞爾論は、石原莞爾論に値しないということである。

しかし、最近の石原莞爾論や石原莞爾ブームは、《国柱会》や《日蓮》や《日蓮宗》を抜きにしたもののようであるが故に、何か思想的に不純なものを、私は感じるのである。実は私は、石原莞爾を読むようになって初めて、日蓮や日蓮宗と向き合うようになった。そして日蓮宗は、日蓮主義とも言うべき過激な宗教であり信仰であることを知った。石原莞爾の思想的本質は、日蓮であり、日蓮宗であり、日蓮主義である。日蓮主義とは、私の理解では、日蓮の宗教や思想を、日蓮本人と同様に、具体的に実践・実行することである。

しかし、戦後の日本国民の多くは、日蓮や日蓮宗に不審感や抵抗感を持っているのではないか。というのは、《創価学会》や《公明党》との関係で、日蓮や日蓮宗を考えるのが普通だからである。少なくとも私自身が、そうであった。今は、日蓮宗や日蓮主義は、創価学会によって甦ったと私は考えるが、戦前、創価学会と同じような役割を演じていたのが、田中智学が独自の力で創設した《国柱会》であったことは注目していい。田中智学の《国柱会》も、戦後の創価学会と同様か、それ以上に、政治権力に近づき、政治権力の中枢に甚大な影響力を行使した。その《国柱会》に飛込んでいったのが宮澤賢治や石原莞爾であった。

宮澤賢治の『雨ニモマケズ』という有名な詩があるが、この詩の末尾には、重大な宗教的な文章がある。しかし、一般的に公開さているテキスト（詩文）では、次の文章が削除されている。何故か。むろん宮澤賢治自身が削除したわけではない。

南無無辺行菩薩／南無上行菩薩／南無多宝如来／南無妙法蓮華経／南無釈迦牟尼仏／南無浄行菩薩

／南無安立行菩薩

あらゆる思想や思想家には、イデオロギー的側面と存在論的側面がある。人は、しばしば、イデオロギー的側面だけで思想や思想家を語り、論じるが、明らかに《片手落ち》であり、不十分である。石原莞爾のイデオロギーと存在論について言うと、石原莞爾は、絶対平和主義や世界統一などを語るが、それを単純素朴に、平和主義だの世界統一などという理想主義的なイデオロギーに誤読すべきではない。石原莞爾のいう絶対平和主義や世界統一などというイデオロギーは、一種の終末論的なイデオロギーであって、いわゆる『世界最終戦争論』に言うところの《残酷極まりない世界最終戦争》後に実現するイデオロギーなのである。世界統一や絶対平和主義が実現するためには、《残酷極まりない世界最終戦争》が、その前段階に、必要不可欠だというのだ。最近一部で論議される人畜無害な石原莞爾論や、それに付和雷同する《石原莞爾ブーム》は、この《残酷極まりない世界最終戦争》を抜きした、能天気な石原莞爾ブームにすぎない。石原莞爾を、戦後民主主義的な平和主義者と見なすことは、認識違いもはなはだしい。石原莞爾は、『世界最終戦争論』の講義の後の若い学生らしい人物たちとの質疑応答で、次のような議論を展開している。

《第一問　世界の統一が戦争によってなされるということは人間に対する冒涜であり、人類は戦争によらないで絶対平和の世界を建設し得なければならないと思う。

答　生存競争と相互扶助とは共に人類の本能であり、正義に対するあこがれと力に対する依頼は、われらの心の中に併存する。昔の坊さんは宗論に負ければ法衣をぬいで、相手に捧げ、帰伏改宗したものと聞くが、今日の人間には思い及ばぬことである。純学術的問題でさえ理論闘争で解決し難い場面を時々見聞する。絶大な支配力のない限り政治経済等に関する現実問題は、単なる道義観や理論のみで争いを決することは通常、至難である。世界統一の如き人類の最大問題の解決は結局、人類に与えられた、あらゆる力を集中した真剣な闘争の結果、神の審判を受ける外に途はない。誠に悲しむべきことではあるが、何とも致し方がない。》

この石原莞爾の絶望的な答えを、どう聞き、どう受け止めるべきだろうか。私は、ただ、石原莞爾という人が、かなり奥深く物事を考えているらしいことを知り、あらためてその過激な思考力を高く評価するだけだ。私は、若い学生らしい質問者の言葉が、間違っているというつもりもない。おそらく大多数の人が、そう考えるだろうと思う。世界統一や世界平和を、戦争なしで実現出来ないだろうか、と。ただ問題は、石原莞爾は、そうは考えない人だったということが、重要だろう。石原莞爾は、何故、そう考えなかったのだろうか。やはり、石原莞爾の思考力の原点ということを考えてみるべきだろうと思う。石原莞爾は、この応答に続けてこう言っている。

《「鋒刃の威を仮らずして、座《い》ながら、天下を平らげん」と考えられた神武天皇は、遂に度々武力を御用い遊ばされ、「よもの海みなはらから」と仰せられた明治天皇は、遂に日清、日露の大戦を御決行遊ばされたのである。釈尊が、正法を護ることは単なる理論の争いでは不可能であり、身を以て、武器を執って当らねばならぬと説いているのは、人類の本性に徹した教えと言わねばならない。一人二人三人百人、千人と次第に唱え伝えて、遂に一天四海皆帰妙法の理想を実現すべく力説した日蓮上人も、信仰の統一は結局、前代未聞の大闘争によってのみ実現することを予言している。》

石原莞爾は、ここで、神武天皇、明治天皇、釈尊、日蓮上人……の名前を出して、戦争の意義と必要性を主張している。残念ながら、いわゆる平和や世界統一という考え方とは矛盾する。少なくとも、石原莞爾の平和主義が、戦争なしに実現可能なものではなさそうだということは理解出来るだろう。イデオロギー的側面だけを見れば、石原莞爾の平和主義も、単なる平和主義にすぎないが、存在論的側面を考えるならば、戦争が不可欠ということになる。平和主義＝戦争必要論なのだ。

ここで、注目すべきなのは、石原莞爾が、日蓮上人の名前を出して、日蓮主義とも言うべき過激な日蓮思想を持ち出しているところだ。つまり、石原莞爾は、宮澤賢治と同様に、日蓮主義の過激な宗教集団《国柱会》の熱狂的な会員であり、信者だったということである。私は、石原莞爾が、それを隠していないことが重要だと考える。

ワン・ワールド経済からの脱却④

金融商品と化した〝ワクチン〟

祖国再生同盟代表・弁護士　木原功仁哉

実体経済を凌駕する〝金融経済〟

最近の為替相場は、32年ぶりに1ドル150円前後の円安水準に達している。その結果、輸入頼みの我が国では、石油、食糧といった基幹物資の輸入価格が大幅に高騰して国内の物価を大きく押し上げ、国民生活を疲弊させている。そうかと思えば、令和5年12月7日に日銀の植田総裁の国会における「チャレンジング」発言が契機で投資家たちの円買いが進み、1ドル141円まで円高が進んだ。

為替の乱高下は、日銀総裁の発言だけでなく国際情勢一つで起こるのであり、それによって市井の生活が右往左往させられるのが日常の光景となってしまった。これでは、汗水流して働く人々が全く報われない。経済評論家は、こうした不条理に対する抜本的解決策を提示するわけでもなく、値動きの理由をまことしやかに解説するにすぎない。

今日の為替市場や商品市場は、通貨や商品（穀物、ゴム、石油など）が〝金融商品〟として取り扱われ、これに投機する投資家たちが利ざやを稼ぐ〝賭博場〟と化してしまったのであり、それが〝金融経済〟の正体である。

経済には、その取引の内容により実体経済と金融経済の2種類がある。すなわち、スーパーでジュースを買ったり、電車に乗ったりする経済活動を〝実体経済〟（モノ・サービスとお金との交換）といい、証券取引所で行われる株式やデリバティブ（金融派生商品）等の金融商品の取引を〝金融経済〟という。そして、金融経済の規模は、実体経済の10倍とも100倍とも言われ、その実態は、為替、株価の変動を予想する経済評論家ならぬ〝相場師〟と、利ざやを稼ごうとする投資家と称する〝ばくち打ち〟によって支配されている。つまり、金融経済は本質的に賭博経済であり、その規模が実体経済よりもはるかに大きいことから、世界の一投資家が投機マネーを出し入れしただけで為替や株式が乱高下し、実体経済までもが大きく左右される。

そして、こうした金融商品が枯渇して金融経済が停滞すれば投資家の利ざや稼ぎのチャンスが減るから、ありとあらゆる物が金融商品化されることによって昨今の金融経済が成り立っているのであり、それはまさに〝バブル経済〟そのものである。そして、近年では、〝温室効果ガス排出量〟と〝ワクチン〟が投資家から新たな金融商品として注目を浴びている。

地球温暖化の虚構

まず、〝温室効果ガス排出量〟取引についてである。国連及び世界各国は、地球温暖化の原因を温室効果ガス(二酸化炭素、メタン)と決めつけた上で、気候変動に関する国際枠組みとして各国に排出量目標を設定させている。そして、約30年後の「カーボン・ニュートラル目標の実現」と称して、令和7年から排出量の削減分を売買する〝排出量取引〟が本格的に開始することとなり、東京証券取引所に「カーボン・クレジット市場」なるマーケットが誕生した。

しかし、そもそも温暖化の原因は、二酸化炭素やメタンだけでなく、太陽活動や火山活動など様々な要素が複雑に絡み合っているとの科学者の見解があるし、それ以前に、最近の地球は寒冷化に向かっているとの説があるほどである。つまり、地球が温暖化していることも、その原因が温室効果ガスであることも科学的な立証がされているわけではないのに、各国政府やメディアが温室効果ガスの削減のみを問題としているのは明らかに異常である。

間違いなく言えることは、温室効果ガスを原因と決めつけることにより、〝温室効果ガス排出量〟という金融商品が生み出され、その取引に乗じて投資家たちが利ざや稼ぎをする現実が目前に存在するということである。その非科学性が白日のもとにさらされるのは、時間の問題であると信じたい。

ワクチン取引という巨大市場

そして、コロナ禍によって投資家の間で熱い視線が注がれるようになった商品がある。それは〝ワクチン〟である。

前回の連載では、ＷＨＯが推進しているパンデミック条約により、締約国国民に対してワクチン接種義務を課すことができ、これによって各国にワクチンの〝押し売り〟が可能となることについて述べた。その目的は、各国にワクチンの買取義務を課すことによって、ワクチン取引を巨大マーケットに育て上げる点にある。

本来なら、医薬品は当該疾病を有する患者のみに需要があり、必ずしもマーケットが大きいとは限らないが、殊にワクチンの場合は、健康か不健康かを問わず全世界の人々に需要があることから、マーケットは巨大である。実際に、コミナティー筋注を製造販売したファイザーは、コロナ禍前（令和元年12月通期決算）の売上高５１０億ドルを１０００億ドル（令和４年12月決算）に倍増させたのであり、株価も一時期、コロナ禍前の2倍程度にまで跳ね上がった。

つまり、ワクチン強制化の流れは、表向きは公衆衛生の保持（感染防止・重症化防止）であるが、それも科学的な裏付けがなされているわけでもなく、真の目的は、パンデミック条約の締約国に、国民全員分のワクチンの〝買取義務〟を負わせて強制的にワクチン取引に参加させ、ワクチン・ビジネスの巨大マーケットを作り上げることにあったのである。この点は、温室効果ガスの排出量取引と全く構図が同じである。

そして我が国は、ワクチン利権に完全に牛耳られ、その餌食にされている。

ワクチン薬害訴訟の意義

現在、私と祖国再生同盟最高顧問の南出喜久治弁護士は、武漢ウイルス（新型コロナウイルス）ワクチン接種後の死亡又は後遺症の被害者を原告とし、国及びファイザーなどを相手取った民事訴訟を東京地裁などに提起しており、審理が進められている（詳細は、前回述べたとおりである）。

この活動は、もちろん被害者の救済が第一の目的であるが、さらに進んで、ワクチン取引を拡大させて金融商品化しようとする国際金融資本の企てを阻止することも目的である。そのためには、ワクチンの有効性と安全性について徹底的に争い、大規模接種の根拠となった〝特例承認〟の違法性を認める判決を勝ち取らなければならない。

特例承認とは、有効性及び安全性が確立されていない医薬品であっても、緊急の必要がある場合に国が特例として使用を承認する制度である。いわば、国家が国民に〝人体実験〟をするのを許容する制度であり、仮にも接種後の死亡例が発生するようなことがあれば、直ちに特例承認を取り消すか、厚生労働大臣の緊急命令により接種事業を停止させなければならなかった。

しかし、国は、どれだけ接種後死亡例が発生しても、接種を止めるどころか、2回接種では飽き足らず、とうとう7回目まで接種を続けている。

厚生労働省において令和3年6月28日に開催された「第4回　医薬品等行政評価・監視委員会」の議事録によれば、同月23日の副反応検討部会の会合で明らかになったワクチンの有害事象のうち死亡例として、100万人接種当たり16・2件ということが政府では認識されていたのであって、この委員会で佐藤嗣道委員が「一応100万人接種当たり16・2件ということが仮にワクチン接種による死亡だと仮定した場合に、そのような死亡のリスクというのはベネフィットに照らして許容し得るのかということについてお答えいただきたいと思うのですが、いかがでしょうか。」との質問に対して山口予防接種室ワクチン対策専門官が回答しなかったため、さらに、繰り返し、佐藤委員が、「それでは、回答になっていません。端的にお答えください。100万人接種当たり16・2件の死亡が仮に真実だったときにこのリスクは許容できるのか、できないのかをお答えください。」と質問したのに対して、林予防接種室長もまた回答をはぐらかせて答えなかった事実がある。

ほかにも、特例承認の違法性をめぐる争点は多数存在するが、今回の薬害訴訟を戦い抜くことが、ワクチンを金融商品化しようとする国際金融資本の企みを打ち砕き、賭博経済を終焉させて祖国を再生させる一歩となるのである。

国家社会主義者宣言④

社稷と職能評議議会

奈良県御所市議会議員　杉本延博

新しい国家社会主義思想を構築しよう

前回、新しい国家社会主義の一つの思想として「社稷連合国家」案を提唱したいと記した。

この制度案の要旨とは、「社稷」思想を据えた新しい日本型国家社会主義思想を思索していくということである。このことについて、現時点で考えていることを説明していきたい。

はじめに国家社会主義とは？　一言で申せば「国家主義と社会主義の結合」だと考えている。様々な解釈があろうかと思うが、大方は、このように言い表すであろう。

現在、ＡＩ新時代の到来、経済格差の拡大、自然環境破壊等、多くの諸課題が山積しており、資本主義も大きな転換点を迎えている。戦後体制から脱却して、真の日本再興のため、こうした諸課題をどのように解決していき、どのような新しい社会を創っていくべきなのか……そろそろ新しい制度や思想を構築していかなければならない。破壊から創造への躍進、維新胎動のときなのである。

では新しい制度や思想とは何か？　新しい進化した資本主義なのか、それとも「福祉国家」的社会主義や民主社会主義なのか等〜様々な形があることはいうまでもない。国家社会主義も一つの形であろう。小生は、国家社会主義こそ、新しい時代を開拓していく思想の可能性を秘めていると訴えたい。

ここで改めて、なぜ今、国家社会主義思想が必要なのだと訴えるのか？

まずはじめに、小生のいう国家社会主義といえば、どのような形なのか？　ラサール、ビスマルク、ナチス型なのか？　それとも我が国で戦前、存在した国家社会主義なのか？　いずれでもない。現在にフィットした新しい形の国家社会主義思想を思索していきたいと考えている。

資本主義の発達は、文明を進化させて、人類の生活に大きな発達をもたらした。その結果、人類は大きな恩恵を蒙ることで、あらゆる生活の利便性の向上、福祉の増進など幸福度のアップにつながったことは、プラス面であった。その反面、自然環境の破壊、人心や道徳の荒廃、貧困や格差問題などのマイナス面が、あったことも事実である。

一方、社会主義（共産主義）国家は、90年初頭にソ連・東欧諸国が崩壊した。その歴史を見てみると、国家の強権的な人民弾圧、自由なき監視・抑圧体制、一党独裁による搾取体制など社会主義制度の負の遺産を学ぶことができる（今も北朝鮮や中共でみられることだが。理想とされた社会主義の形が実現されることがなかったといえよう）。

いずれにしても、どのような制度や政策であろうとも、メリット、デメリット双方が存在することは、当然のことなのだが……良い面は、更に発展させて、また悪い面は、より良き方向に修正していく姿勢を持たなければならない。

従来の国家社会主義思想の基本である「国家主義＋社会主義」ではない、資本主義や社会主義、国家主義思想のより良き点を止揚した高次的段階の国家社会主義思想であり、日本の歴史、伝統、文化に根差した国家社会主義思想であらねばならないと考えている。このような新しい日本的国家社会主義思想の構築こそが、混迷を極める現代、資本主義の限界を突破していくものになると考えている。

「社稷」思想と職能評議議会（案）序説

「社稷」といえば、権藤成卿の名を真っ先に思い浮かべるであろう。権藤の著作から数点、「社稷」に関する引用をしていきたい。

社稷は国民衣食住の大源である。国民道徳の大源である。国民漸化の大源である。日本の典墳たる記紀には、神祇を「アメツチノカミ」と謂せるは実に社稷の意にして、アメツチは天地、天地は自然である。其自然に生々化々無限の力がある。我国の建立は悉く社稷として建立されたるものである（『自治民範』）。

土地なければ人の住むべき処なく、稷なければ、人の食すべきものなきわけである。上古の「マツリゴト」は、支那も、日本も、同じく社稷を基礎としたものである（『農村自救論』）。

小生は、新しい日本的国家社会主義思想の構築の基本に「社稷」を据えるべきだと考えている。社稷とは、土地の神、五穀の神の意を含んでいる。引用のなかでいうように、社稷は、衣食住の大源、道徳の大源である。これら衣食住、道徳等は、人間生活総体と共同体社会を営んでいくうえで基本となるものである（例えば食が無ければ飢えてしまう、道徳が無ければ乱れてしまう等）。

「社稷」といえば、農本主義思想である。我が国では、「農は国の大本である」といわれるように、日本民族の生命の大源が稲穂（農）である。それは「斎庭の稲穂の神勅」が顕現している。高天原の稲穂を民に食すようお示しになられてから、今に至るまで、皇室の祭祀、我が国の歴史、伝統、文化の大源として「稲穂（農）」が存在してきたのである。こうした歴史の流れを踏まえながら、衣食住の安定、人間間の調和を実現していくことが、我が国の「マツリゴト（政治）」の基本的要諦となるのである。

国家には国家の、共同体には共同体の、地方には地方の、様々な「社稷」の形がある。地方の社稷→共同体の社稷→国家の社稷と解釈しながら、新しい日本的国家社会主義思想のなかの一つ（社稷連合国家案）として、「社稷」を活かした国家社会制度の構築を思想探求していくなかで、国家と地方のこと、国家と国民のこと等の関連性、制度、政策をはじめとした様々な方面での有り方を思索しなければならない。

また国家主義の国家論（国家の平安、国民の安寧を実現していく国家）や社会主義の制度論（相互扶助、互助互譲的な支え合い、助け合い的な制度）からの良きものと、「社稷」思想とを結合させ日本型にアレンジして適応できるような制度設計を思想探求していくことも大事になるであろう。

ここで一つだけ、新しい国家社会主義的政治運営制度の提起をしておきたい。それは参議院を廃止して、職能評議議会を創設することである。その制度の思想的根拠として、次の権藤成卿の言葉にもとめたい。

「農は農として、工は工として、商は商として人々其の特能を発揮し、其職業を勧めて其の集団の親睦を保ち、各人悉く熱談協議する」（略）「個人は個人自ら修め、郷邑は郷邑自ずから修め、其郷邑集まりて州郡をなし、社稷を成し、邦国を成し天下を成す」（大窪一志著『自治社会の原像』のなかの権藤の著作の引用より）

職能評議議会の基本的思想として、または制度の理想的な有り方として、日本神話のなかの天の安河原の話し合いを想像してもらいたい。このような議論の場であることが理想的な形であると考えている。

地方、国民には、それぞれの特色、特性、能力が備わっている。これらのものが上手く活かされていき、個々の力が集団（共同体）のもとで集合すれば、国家、国民の発展につながっていく。その各職層や地方の能力、特性が活かされる制度を構築していくための議論の場を作らなければならない。つまり支持団体や有力者等の利益を誘導するような、一部の立場に立つのではなく、党利党略を超えて国家、国民全体の利益となる立場に立つ、そのような場としての議論の府に変えていくべきだと思う。その一つの方法として、一つの場として職能評議議会（各職層の代表で構成される）を制度として構築していくべきだと提起したい。

歴代天皇の詔勅を奉戴せよ　①

天皇陛下が、必ず「国民とともに」と仰せになられる。常に国家、国民の平安と安寧をお祈りあそばれている大御心が顕現された有難きお言葉なのである。

天皇陛下・歴代天皇の大御心が、現れたお言葉を、御製とみことのりから拝することができる。国家と国民へ、寄り添いあそばされる有難きも尊き大御心を、政治、経済、社会等の場で実現していくことが、国家の安泰と国民の安寧へ、つながっていく、我が国にとって理想的なマツリゴトの形なのである。こうした我が国（国体）の形を「君民一体」「君民共治」といってきたのであった。

我が国は、神武天皇建国より令和の御代に至るまで、2600年以上の歴史を誇る。歴史ごとに、様々な栄光、苦難等があった。その歴史の場面ごとに、天皇の御製やみことのりに顕れた大御心を奉じて、天皇と全国民が一体となり力を合わせて、民族共同体の繁栄を築いて輝かしき歴史を創ってきたのであった。

我が国の歴史、伝統、文化に適応した国家社会主義思想を思索していくなかで、必ず歴代天皇のみことのりから、大御心を学ばなければならない。みことのりは、歴史を切り拓いてきた日本民族思想の根源であり、羅針盤であるからなのだ。

高山彦九郎伝 ❹

大村彦太郎商全と彦九郎 —志士を支え続けた商人—

歴史学者　倉橋　昇

京都御所の南に堺町御門がある。そこから南に伸びるのが堺町通である。それを南に下って行くと、夷川通という東西に伸びる通りにぶつかる。この堺町通夷川を少し下がった辺り、亀屋町に呉服店として有名な白木屋の店があった。高山彦九郎は、岩倉具選の屋敷に滞在するようになる以前は、よくこの白木屋を宿としていた。当主の大村彦太郎商全と彦九郎は固い友情で結ばれており、それは彦九郎が九州の久留米で自刃するまで続いた。

本稿は、有能な商人として世の為人の為に尽くした商全と勤皇の志士・彦九郎との関係について述べてみたい。

志をもつ商家・大村家

京都東山の建仁寺に両足院という塔頭がある。そこには白木屋の大村家歴代の墓がある。白木屋の当主は代々、大村彦太郎を名乗っていたが、その初代は可全と号した。可全（1638～1689）は近江出身で商いで身を立てた近江商人であったわけだが、「商いは高利をとらず、正直に良きものを売れ、末は繁盛」と言って、これが白木屋の創業以来の店則となったという。

可全は、早くに父と死に別れ、長浜良疇寺の法山和尚について学んだが、彼に商才があることを見抜いた和尚の勧めで、京都で材木商を始めた。やがて江戸に出て、小間物の行商を行い、最後には日本橋に店をもつまでになった。寛文二(1662)年に日本橋に新しく店を構え、積極的に呉服太物を扱った。

その呉服店は江戸の三大呉服店に数えられるまでになった。江戸での白木屋の発展は、二代目大村彦太郎安全がその礎を築き、家業は揺るぎないものとなった。この頃の江戸は、下町の大半がかつて浅瀬や海であったために、井戸水には海水が混じり、塩気を帯びて飲み水としては使えなかった。このような江戸の街に良質な飲料水を供給しようと、安全は鑿井を進めた。二年後、難工事の末に、観世音菩薩像が掘り出され、そこから地下水が自噴したという。これが「名水白木屋の井戸」の由縁である。この観世音菩薩の尊像は後年、「白木聖観世音菩薩」として、浅草寺境内の淡島堂に遷座した。日本橋の白木屋は後に白木屋百貨店となり、昭和の時代まで存えた。

　また、大村家と縁ある人物としては、陽明学者の三輪執斎がいる。執斎は幼くして両親をなくしたが、父親の従弟である初代大村彦太郎可全に引き取られた。この執斎の五男が三代目大村彦太郎道節の養子となり、四代目大村彦太郎勝全となった。

彦九郎を支援した大村家

大村彦太郎（10代）

　このような大村家の系譜を見ると、中興の祖と呼ばれた六代目の商全が高山彦九郎を金銭的に支え続けたのも分かるような気がする。大村家は志を持った商人の家系なのである。商全は、天明三年の大飢饉の際に、郷里・上野国新田に急行せんとする彦九郎に金五十両を差し出している。天明三年四月六日の彦九郎の日記に次の一節がある。日記中にある永全とは商全のことである。何故か、彦九郎は商全のことを永全と呼んでいる。その理由は不明であり、今後の研究による解明が待たれる。

先きに永全三十両を以て救民の為にとて寄せ返済は年を限らず二十金は番頭等へ談じて諸払にとて出だしける。都合金子五十両永全出だしける。予が在京中費る事又多かるべし。

彦九郎はこれを借金として借用証文を入れて、やりくりして返済した。

天明三年九月に商全から彦九郎に宛てた次のような書翰が残っているが、これを読むと如何に商全が彦九郎に気を遣い、金銭的に不自由をさせないようとしていたかがよく分かる。

本日頃御京着も可有御座趣承伝居申候処、未御到着も無御座、折節私儀勢州参宮志願御座候而、則今朝出立仕候、此段御免可被下候、然は先頃古金五十両為御差登被下、慥ニ落手仕候、未御預リ申上置候、委敷御差引は私帰京後可申上候、且又文金十両御渡申上置候、是ハ私帰京迄之御当用ノ心当迄ニ而御座候、右十両ニ而私帰京迄御不足之義も御座候はば、則表同居申候三右衛門と申手代迄御内々被仰聞可被下候、尤此義面談の上の御事に奉頼上候、茲無程帰京仕拝顔ニ可得尊意候、以上

九月二十二日

大村彦太郎

高山彦九郎様

尊下

ただ、後年彦九郎は九州へ向かい、それきり帰らぬ人となってしまったので、出立の際に借りた十両は残ってしまい、商全への借りは永遠に残ってしまった。その際の証文が大村家に残されていた。彦九郎が残した白木屋宛借金証文は次のようなものであった。

恩借致金子之事

一、金子　拾両

書翰

右者要用付、恩借致候所実正也、返済之義者来秋江戸相達可申候、為念書付如件

上州新田

高山彦九郎　印

寛政三年

寅年七月十七日

白木屋

孫兵衛殿

（筆者注、孫兵衛とは白木屋の番頭のこと）

この借金とその日付は、彦九郎の日記からも確かめることができる。

（七月）十五日、（中略）大村氏へ寄りける。八ツ田氏笹屋など来る。永全に金借を計る。十七日番頭等へ伝ぶべきに定め侍る。酒後に立ちて岩倉家へ帰へ

る。

十七日、（中略）白木屋へ入りて番頭孫兵衛に詔書を出して金十両を借る、三条へ至りて旅具を買ふ事有り、夜岩倉家へ帰へる

彦九郎の京都における活動はまさに、商全の経済的援助なしには為し得なかった。このような志篤い商人が志士たちの活動を陰ながら支えたこと、そしてこれが徳川幕府を倒す原動力の一つとなったことは、儒者が考える「商は卑しきもの」という発想が我が国の国体にはそぐわないことを示していよう。

文化人・大村彦太郎商全

商全のような商人は、彦九郎のような志士だけでなく、文人や学者と広く交わり、彼らも援助していた。必然、商全の大村邸を訪ねる多くの文人や学者とも彦九郎は交流した。池坊専弘（池坊家元）、太田包昭（蝦夷風土記を記した人物）、革嶋文蔚（鷹司家に仕える郷士）、滋野井公麗（公卿）、中井蕉園（儒者、中井竹山の子）、中井竹山（儒者）、梨木祐為（歌人）、村山維益（医者）、安永検校（地歌三味線家）、横谷葛南（儒者）、脇坂安植（播磨龍野藩士。藩主の親族）などがそのような人物として挙げられる。この交友関係は商全もまたなかなかの文化人であることを示していよう。商全は俳諧を嗜んでいたようである。彦九郎は明和三年三月十一日の日記に次のように記している。

吉田（神社）へ従行致しましょうと言って、商全は私と共に出かけた。私が吉田氏の邸に入っている間、商全は門の前で待っていた。太元宮を参詣して、吉田山を越えて白川に出ると、右手に銀閣寺が見えた。近頃、（北白川の）勝軍地蔵のご開帳にて、商全の勧めで山へ登り、賑わっているのを見た。勝軍地蔵が山頂にあるその山には出茶屋が七十軒ほど出ているという。出茶屋に寄って食し、酒を酌んでいると、老女が近づいてきて、肴を菓子と見間違って、三文ばかり肴を売って欲しいと言う。お酌についていた女は、これはこちらの方々の肴なので売ることはないと答えた時、田舎くさい老女で、愚かでも可笑しかったので呼び止めて酒肴を与えると、その代金と言って懐から銭を取り出して置こうとするのを見て、

商全は金子百疋（銭一貫文）を与えた。老女の住んでいるところを問うと、花園という。

君が代に恵も広き天が下懸る情の花園の里

と私が読むと

これもまた法のちかひや花のかげ　　永全

と商全が発句して一狂した。

このエピソードは商全の人柄や俳諧の才をよく示している。この商全の詠んだ句などは、なんとも言えない味わい深さを持つ。例えるならば、寺の鐘の音に散る桜の花のような趣とでも言おうか。優雅と信仰心の合わさった境地である。「法のちかひ」と「花のかげ」の組み合わせが絶妙な美と理のバランスを生み出している。

商全の大村家とは縁が深い建仁寺の宗派は臨済宗であり、老女の住む花園から二人が連想した花園の妙心寺もまた臨済宗の寺である。これに商全が何かしらの縁を感じたことも想像できる。

ちなみに、彦九郎の歌が「君が代」と詠んでいるのは、花園上皇の発願により花園御所を禅寺にしたのが妙心寺の縁起であることを指している。花園上皇の仏心の恩恵を老女も受けているという歌である。この彦九郎の歌が、商全の「法のちかひ」の句のよい引き立て役になっているのである。この二人、詩歌の世界でも名コンビであると言えよう。

彦九郎の日記に見るように、商全の言動からは神仏を敬う心が滲み出ており、その深い信仰心が彦九郎を始め、多くの人々を助けようとする志となって現れているのが分かる。

上記日記の二日後の十三日、商全の誘いにより彦九郎は親しい仲間たちと共に嵐山に花見に出かけている。その案内役は、商全の息子与市であった。皆、舟遊びを大いに楽しんだようである。もちろん、こうなると彦九郎は歌を詠むことになる。

舟中酒肴数を尽し酔に任せて和歌二首を詠しける

散りてこそあらめと思ふ桜花誰かあらしの山といふらん

思ひきや今日も都に打ち連れて春の山辺に花を見むとは

彦九郎のこの風雅なる歌を導いたのは商全の心尽くしのもてなしである。我が国の文藝や美術が和歌に基礎を置くことを考えれば、その風雅の道を支えた商全の志は尊く、その功績は大である。

むすび

昨今の我が国の国情を見ると、政治家も経済人も道を大きく外れている。全てとは言わないまでも、ほとんどが我欲の為に行動しているのである。そんな情けない姿を見るたびに、高山彦九郎と大村彦太郎商全の交誼のことが思い出され、少しでも彼らを見習って欲しいと願うのである。

彦九郎は志の為にその命を捨てた勤皇の志士の先駆けであり、商全はその彦九郎の活動を経済面で支援し続けた商人である。この二人の共通点は、志のためならば自分の大切なものを惜しげも無く差し出すところだった。かつての日本にはこのような傑物がいくらもおり、彼らが明治維新を成し遂げる原動力となっていったのである。

特に大村家は代々志篤い当主により、利他の精神を発揮し、それにより多くの人々が救われてきた。この功績はもっと流布されて然るべきであろう。このような商人なくして社会は立ち行かないことを人々は再認識すべきであり、そうして経済人は利他の精神を涵養すべきなのである。商全はその良い手本となるだろう。

そして、そのような商人から支援を受ける志士、つまり真の政治家は彦九郎を手本とすべきである。大志を遂げるには金が必要であるが、それを援助してもらうにはまず「己」を捨てること、すなわち「命」をかけることを前提としなければならない。これは何も遊んではいけないということではない。志士こそ大いに遊ぶべきである。命を捨てる時に悔いを残してはいけないからである。事実、彦九郎は京の町で大いに遊んでいた。それを商全は支え続けた。

今の日本の社会で志士は育つのか。我々はよくこのことを考えなくてはならない。そして道に迷った時は彦九郎と商全の辿った道を思い出せばよいのである。本稿がそのきっかけとなれば幸甚である。

尊皇愛国の経営　第十五回
光り輝く日本から、テキサスへ行く

㈱フローラ 会長　川《かわ》瀬《せ》善業《よしなり》

川瀬善業が米国のテキサス州へ行きました

昭和六十一年に、東京のパレスホテルで行われた、日本経営合理化協会主催の講演会に千人程の人が集まった会場で、一倉定先生のお話を聞きました。その時に、一倉定先生は「社長は穴熊社長になってはいけない」と言っていました。

「電信柱が高いのも、郵便ポストが赤いのも、全て社長の責任である」というのが、一倉定先生のお話でした。つまり、世の中で起こり得る事は全て「社長の責任」で、「社長が知らないうちに起こった事」も、「社長の責任」と言う事です。

だから社長は、世の趨勢を知る為に、常に現場に足を運ばねばならない。一倉定先生は「社長は一か月に一週間以上、会社の中にいてはいけない」と厳しく言っていました。

私が海外や日本の各地を訪問するのは、一倉定先生の教えがあるからと言えます。私は三重県に住んでいますが、各地に行き、お客様や、お客様候補の所や、その他色々な所を訪問しています。

また、企業関係者が行く視察ツアーにも、積極的に参加しています。今回の米国のテキサス州への視察ツアーは、船井総研が企画したもので、私は以前にも何度か、船井総研や他の会社が企画した国内外のツアーに参加しています。

令和５年の９月の米国のテキサス州への視察ツアーに参加した 140 人の人達です。
（川瀬善業は右上にいます）

今回、令和五年の九月十日（日）から十七日（日）まで、船井総研主催の「驚きのグレートカンパニー海外視察セミナー」で、米国のテキサス州に向かいました。

九月十日の朝五時に家を出て、中部空港に向かい、中部空港から羽田空港へ、羽田空港から米国のテキサス州のダラス空港に向かいました。

今回のツアーには、日本中から企業経営者や企業の役員が参加しており、私を含めて百十二人もの人が参加していました。それ以外に船井総研から二十八人、旅行会社のＨＩＳから六人が参加していました。

総勢百四十六人という大人数ですが、あまりにも人数が多いので、ダラス空港までは飛行機を日本航空とアメリカン航空の二便に分けていました。

テキサス州は、日本時間からは十四時間遅れています。九月十日の昼頃に羽田空港を出発しましたが、十一時間半のフライトを経て、到着したのは、テキサス時間の九月十日の午前九時頃でした。

私は日本航空の便に乗っていましたが、ダラス空港に到着してからは二台のバスに分かれて乗車し、ダラス市内へ向かいました。

ダラス市内に向かう途中で、「ダラス・カウボーイズ」というアメリカン・フットボールチームのスタジアムの前を通りました。

その後は、ダラス市内にある、ケネディ大統領の暗殺現場を見学しました。ダラス在住の日本人のおばさんがガイドをしてくれ、解説してくれました。昼食を食べる為に入ったのは、十店舗が入っている巨大なフードコートでした。この日は日曜日でしたが、「チック・フィルレイ」という一店舗のみ定休日で休んでいました。

チック・フィルレイ（Chick-fil-A）は、日本には進出していないので、知っている人はあまりいないと思いますが、米国では二番目に大きなファストフードチェーンです。近年では、ウェンデーズ、バーガーキング、タコベル、サブウェイ等を売り上げ規模で抜き、マクドナルド、スターバックスに次ぐ、アメリカの外食チェーンとしてランクインしています。

NFL名門の「ダラス・カウボーイズ」のスタジアムを視察

翌九月十一日の午前九時頃に、三台のバスに乗って到着したのは、前日に通った「ダラス・カウボーイズ」の本社と、そのAT&Tスタジアムでした。

収容観客数は八万人で、立ち見も入れた最大観客数は十一万人という巨大スタジアムです。

世界中のスポーツで１番の売り上げを上げているアメリカン・フットボールの「ダラス・カウボーイズ」の球場です。

日本では、野球のメジャーリーグ（MLB）がよく紹介されますが、米国人に一番人気のスポーツは、アメリカン・フットボールのリーグであるNFL（ナショナル・フットボール・リーグ）です。他にはバスケットボールのNBA（ナショナル・バスケットボール・アソシエーション）、NHL（ナショナル・ホッケー・リーグ）があり、「北米四大プロスポーツ」と称されています。

ダラス・カウボーイズの本社をガイドしてくれた人の話では、アメリカン・フットボールの試合は日曜限定で行われており、昨日九月十日はニューヨークで「ダラス・カウボーイズ」は試合をしていたそうです。

「ダラス・カウボーイズ」は、西暦一九六〇年（昭和三十五年）に創立され、今年で創立六十三年です。NFLの優勝決定戦の「スーパーボール」では五回優勝の強豪チームです。ガイドさんの説明では、「ダラス・カウボーイズ」はNFL、MLB、NBAを含め、総売り上げが一位のプロスポーツだという事でした。

「ダラス・カウボーイズ」の本拠地であるAT&Tスタジアムでは、東西南北の四ヵ所に、三菱電機製の四十メートル×四十メートルもの大型スクリーンが設置されていました。

ダラス・カウボーイズの本社や球場の見学の後は、昼食の為に、巨大フードコートで食事を取り、アメリカン航空の本社を視察しました。

アメリカン航空の本社では、「九・一一を忘れない」と大きく表示されていました。西暦二〇〇一年九月十一日の米国同時多発テロでは、アメリカン航空の航空機二機がハイジャックされ、犠牲者を出しています。今回、ちょうど私が訪れた日も「九月十一日」であり、改めてテロとその後の戦争の犠牲者を追悼しました。

ホテルに戻る途中で、「ホール・フーズ・マーケット」の巨大な店舗が目に入り、立ち寄る事になりました。

「ホール・フーズ・マーケット」は、テキサス州のオー

オーガニック食品などを売る「ホール・フーズ・マーケット」の店です。

スティンに本社がある、世界的な食料品スーパーマーケットです。扱うのは自然食品、オーガニック・フード、ベジタリアン・フード、輸入食品、各種ワイン等です。米国内を始め、カナダ、英国に店舗があり、日本ではよく、ハワイの店舗がテレビ番組等で紹介されています。

「ホール・フーズ・マーケット」では三十分程、各自で買い物をしたり、見学をしたりしました。私、川瀬善業は、有機のみかんとバナナと、ミニトマトと飲み物を買いました。

その夜、宿泊先のヒルトン・ダラスで、参加者全員が大講堂に集まり、今回の視察ツアーの主催者である、船井総研の人のスピーチが行われました。

その次に壇上に上がったのは、テキサス大学ダラス校の電気工学の研究教授である、七条恒氏でした。七条氏は東大工学部を卒業し、米国のイリノイ大学で博士号を取得し、テキサスインスツルメンツ社に就職して半導体の研究開発分野で二十九年働き、現在の地位にあるという事でしたが、講演は、「日本の半導体事業は駄目だ」と、日本の産業を貶める内容であり、私は「七条氏は何も分かっていない」と思いました。

米国や台湾の半導体メーカーに水を開けられていると言われてきた日本の半導体産業ですが、近年は徐々に反転攻勢をかけています。最近ではトヨタ、ソニー、ＮＴＴ等の大手企業八社が共同で出資し、半導体の国産メーカーの「Ｒａｐｉｄｅｓ」が誕生しました。

残念ながら七条氏は、日本で米国以上に優れた技術開発ができているという事を知らない様です。

インディード、チック・フィルレイ、Ｚｏｈｏなどの米企業

翌九月十二日は、「インディード」の本社を訪れました。求人関係の検索エンジンの開発と運営で業績をあげている会社であり、テキサス州のオースティンに本社があります。

平成二十四年に日本企業のリクルートに買収され、子会社となりました。その当時は一千億円程の売り上げでしたが、現在は八千億円の売り上げ規模に達しています。親会社の日本のリクルートが、インディードに何らかの指導をするということはないので、米国のIT企業の発展ぶりには本当に驚かされます。

「インディード」の次に訪れたのは、初日に見たファストフードの「チック・フィルレイ」です。

たまたま九月十日は日曜日で定休日だったため、店に入れなかったのですが、飲食業としてはもっとも売り上げが見込まれる日曜日を休みにするとは、日本人から見れば、ちょっと考えられません。

「チック・フィルレイ」の創業者は、キリスト教の一派のバプテスト派の敬虔な信者であり、宗教上の理由から、「日曜日休業」を徹底し、後継者も、「日曜日は休み、株式を上場しない」ことを創業者と契約しているそうです。

「チック・フィルレイ」の店で、令和５年の９月に食べ物と飲み物を注文しました。

しかし、日曜日を休みにしても、今では全米第二位の外食産業です。アメリカとカナダにある店舗数は二千七百店で、一店舗あたりの年間売り上げは、平均で六億円だそうです。

川瀬善業も「チック・フィルレイ」の店舗に入り、食べ物と飲み物を一つずつ注文し、テイクアウトでホテルに持って帰りました。

レジでは明るく応対してくれて、待ち時間も短く、快適なものでした。「このサービスなら、全米二位は当然だ」と納得しました。

九月十三日は、「Ｚｏｈｏ（ゾーホー）」を視察しました。オンラインのビジネスアプリケーションを提供しているＩＴ企業で、インドに本社があり、インドでは一万人もの従業員がいる巨大企業です。

テキサス州のオースティンにあるのは子会社で、そこでは百人程がアットホーム的に、明るく楽しく働いていました。庭には自然を感じられるスペースがあり、そこでは、私達ツアー参加者に食べ物や飲み物を振舞ってくれました。

自然の摂理に順応したライフスタイル、ワークスタイルを実践するというのが「Ｚｏｈｏ」の理念だそうです
アメリカの「Ｚｏｈｏ」の農場では、魚の養殖が行われており。魚の餌には、飼っている鶏のフンが使われていました。オーガニックかつ、自然循環を実現しているのだそうです。

インド人の社長であるラジュさんという人が、家畜のフンを色々なことに使っていました。自然の摂理に順応したやり方に、米国人の社員も影響を受けて、この様なやり方を取り入れたそうです。

その後、テキサス州だけにあるスーパーマーケットの「Ｈ・Ｅ・Ｂ」を見学しました。

また、テキサス州だけにある「バッキーズ」も見学しました。「バッキーズ」は約六千坪の広さがあり、その半分の三千坪がガソリンスタンドで、見学した所の「バッキーズ」は四十二台の車が同時に給油することができていました。また、隣では食品や洋

3000 坪のガソリンスタンドと、食品や衣類などを売る
3000 坪の店と合わせて 6000 坪の「バッキーズ」です。

服などを販売している、約三千坪の巨大なバッキーズの売り場もありました。

国際用語になったトヨタ自動車独自の日本語の数々

十月十四日には、トヨタ自動車のテキサス工場を見学しました。日本のトヨタ自動車の工場では歩いて見学をしましたが、テキサス工場はあまりにも広く、工場内を専用の車で移動して見学する事になりました。

見学者が二人ずつ並んで席に座り、それが十列ある、低速で走る専用のカートで工場内を見学しました。

案内の人が先頭に座り、工場内を移動しながら解説してくれましたが、「カンバン」、「アンドン」といったトヨタ用語がテキサス工場でも使われており、改めてトヨタ自動車の工場内用語の徹底ぶりを知りました。

日本語を国際用語として認知させる、トヨタ自動車は、有数の国際企業と言えます。

その後は、テキサス大学を午後五時より見学する予定でしたが、突然大雨が降り出し、残念ながら中止になりましだ。

その後、建設中の「テスラ」の新工場が道路沿いに五㎞も続く所を通り、夕食はビールの醸造所で取り、参加者全員でビールを堪能しました。

十月十五日は、オースティン市内を見学しました。午後には宿泊先の「ヒルトン・オースティン」で、船井総研によるまとめセミナーがあり、十月十六日にオースティン空港を出発し、ダラス空港で羽田行きの飛行機に乗り換えて、羽田空港と中部空港を経て帰宅し、今回の米国訪問は終わりました。

「日本企業が世界でぐんぐん躍進しつつある」と感じています。トヨタ自動車の工場や、「ダラス・カウボーイズ」のスタジアムにある三菱電機製の大型スクリーン等、米国社会では、日本企業の製品がたくさん使われていました。

周囲に流されずに、自分の価値観を前面に出して勝負する、「チック・フィルレイ」の成功に納得しました。

十月十六日に、オースティン空港からダラス空港に向かう途中、飛行機の中より、雲海の中で光り輝く太陽を見て、今後、日本が限りなく伸びてゆくと予感しました。

くにおもふうたびと　第四回

佐久良東雄　上

歌人　玉川可奈子

佐久良東雄先生の精神

『万葉集』をもとにして、国を思ふ歌を詠んだ人物といへば、私はただちに佐久良東雄先生を挙げるでせう。前回までの橘曙覧先生も国を思ふ人物でした。

国を思ひ　寝られざる夜の　霜の色　月さす窓に見る剣かな

（国を思に眠れない夜に霜のやうに白い月の光がさす窓辺に見るこの剣よ）

曙覧先生にはこのやうな熱烈な歌ものこされてゐますが、それ以上に東雄先生は熱烈な方でした。

ところで、佐久良東雄先生とはいかなる人物なのでせうか。先生は文化八年三月二十一日、新暦にして五月十三日に常陸国新治郡浦須村（現在の石岡市）に生まれました。その旧宅が現在も残つてゐます。九歳で出家し、万葉法師と呼ばれた康哉の弟子となり十五歳で良哉と法名を改めます。

平泉澄先生の『先哲を仰ぐ』（錦正社）に収める「武士道の神髄」に東雄先生のエピソードが書かれてゐますので、少し長くなりますが見てみませう。

…佐久良東雄といふ人は、元来僧侶であつたが、天保十二年三十一歳の春、深く感ずるところあつて慨然として還俗し、純粋日本人たらんことを期したが、その時に名を改めて佐久良東雄といつた。佐久良といふのは即ち桜である。純粋日本精神に立ちかへる時、人は桜の花を想起せずにはゐられないのである。（中略）後に佐久良東雄が、また僧侶として常陸の善応寺に在つた時、あるとき藤田東湖が訪ねて来て、水戸に仕へるやうにすすめたところが、東雄はこれを断つて、自分にはちやんとした主人がきまつてゐるのであるから、二君に仕へるといふことは出来ないといつた。東湖は不思議に思つて、一体どなたに仕へてゐるのかと聞いて見ると、東雄は色を正して、「自分のお仕へ申上げるお方は京都においでなさる、即ち天子様である」といつたので、東湖も恐れ入つて一言もなかつたといふことである…（後略）

あの『弘道館記述義』や「正気の歌」を作るほどの藤田東湖先生を相手にして、この態度です。彼の尊皇、推して知るべきでありませう。

では、東雄先生は、どのやうなお歌を詠まれたのでせうか。次に掲げますので、声に出して読んでみてください。

天地の　いかなる神を　いのらばか　わが大君の
御代はさかえむ

（天地に鎮まり坐すいかなる神様を祈り奉れば、わが天皇様の御代はさかえるだらうか）

如何でせう。『万葉集』巻第二十に収められた防人歌には、

あめつしの　いづれの神を　祈らばか　うつくし
母に　また言とはむ（巻二十・四三九二）

（天地に鎮まり坐すどちらの神様を祈り奉れば、最愛の母上にまた会つてお話しできるだらうか）

とあります。これは下総国の防人、大伴部麻与佐の作つた歌ですが、東雄先生はこの歌をもとにしたのでせう。一句目の「あめつし」は天地の訛りです。単純古朴ですが、私どもの心に強く響くお歌ではないでせうか。この歌を本にして、東雄先生はかくも熱烈なお歌を作られたのでした。

東雄先生は、弘化二年より大阪の坐摩神社の神官でありました。それゆゑ、神様を貴びました。それは、前回までお話ししました橘曙覧先生以上に熱烈なものでした。

おほなむち　すくな御神の　作らしし　すめらみ
くには　貴くありけり

（大己貴神と少彦名神の作られたこの天皇の御国である日本は貴くあるものよ）

このやうに、東雄先生は天皇とわが国と神様を貴び、歌を詠まれたのでした。

日本文明解明の鍵〈特攻〉⑥
日本異質論と奇跡の国日本論をこえて

歌人・評論家　屋　繁男

4、日本文明の独自性に宿る普遍性

①　日本人における他者や自然との関係性

A　万葉歌における他者や自然との関係

B　茶の湯における日本人の思想と倫理

C　芭蕉の俳諧における自然（他者）への没入

②　大勢順応主義の両面性

③　日本異質論と奇跡の国日本論をこえて

B　茶の湯における日本人の思想と倫理

室町期以降、日本人は茶の湯に関しては並々ならぬ関心と情熱を持って、それに携わる自らの精神のありかを表現せんとしてきた。その結果、茶人たちは茶会

の記録はもちろん茶具、茶事に関する記録も数多く残している。現代の日本ではこう言っては何だがお嫁入りの教養の一つ程度でしかないと一般的には思われているものに、かつての日本人がなぜそんなにも情熱と執着を持ってかかわってきたことは実に不思議なことである。

戦国時代においてもその末期、小田原の陣においても攻城方と守城方双方において大茶会、小茶会が開かれたことが記録されている。それ以外にも数多くの茶会が開かれたに違いない。しかし、権謀術数渦巻く中でもあの猛々しい戦国武将たちが茶会の催中に切り合ったりして殺害されたという話はまず聞かない。そこには何かこの茶の湯という日本文化ひいては日本文

明を理解する鍵があると思われる。先に結論を言っておくと、そこには現在の茶の湯や茶道に関する通説、いわくそれは芸術であるや、演劇であるや、美そのものである等の俗説を超えた何ものかが垣間見えているのである。

まず谷川徹三氏が茶の湯芸術論を展開している。(「茶の美学」、淡交社)いわく「茶道は亭主を演出者とし、客を共演者とする即興劇とみるべきである」とし、その茶の湯の即興劇の上に現われる表現が日本的美である「侘び寂び」とするのである。この身体動作に主眼をおく茶の湯の解釈は日本人を次のような誤解の道へと封じ込めることとなった。そのことを、平井嵩氏に語っていただくと「日本人は、茶室の路地のつくばいで腰を低くして手を洗い、這いずるようにしてにじり口から古ぼけた苫屋の百姓家のような狭い庵室の茶室に入り、泥をこねたような茶碗で茶をするという茶会の全体のありようを日本独特の美だと信じ切っており、そこに先祖が求めた哲学を忘却してしまっている。」(平井嵩『侘び寂びの哲学—日本人の哲学求めて—』図書刊行会、二〇一九年)

思うに茶の湯の多くある所作のほとんどはそれが目的ではなく、もっと言えば美でもない。例の茶巾のふささばきは恐らく堺や京都のセミナリオや教会での司祭の所作にヒントを得たものであろう。しかしこれもミサという宗教行為を行うためのものである。確かにその所作は美しいと言えるであろうが、それはミサという目的の結果に過ぎない。それと同じことが当然それをまねた茶の湯のふささばきにも言えるであろう。古ぼけた百姓家のような狭い庵室のにじり口に這いずるようにして入ることや、そもそも泥をこねたような茶碗で茶をするというようなものが、格好良いわけではなく、ましてや美であるはずがないことはもちろんである。

先ほどの平井嵩氏の言によればそもそも先人たちは茶の湯が美を表したり探求するなんてことは一言も言っていないらしい。茶人たちは「ひたすら『侘び寂び』の精神をいかに諸々の茶の湯の表象の中に表現するかに腐心しているだけである。そしてその内容は、彼ら好みの、日本的美を表現しようとしたのではなく、日本的実践思想、現世の人間がとるべき倫理、謙虚、清

貧、謙譲、自己犠牲といった生き方であったのだ。」（同書、三九～四〇頁）

このような意味において茶の湯は万葉集をはじめとした和歌や俳句、さては能などと同様に日本人の倫理、思想を現す装置であると言ってよい。即ち和歌や俳句は単なる詩情だけではないし、茶の湯は単なる美やなぐさみだけではないのである。日本人の生き方、倫理、思想を表現する文明の重要ないくつかの装置であることを銘記しておかなければならない。そうでないと特攻に挑んだ青年たちの思いと思想に我々は触れることができないであろう。

結論としてベルナール・ミロー氏の言とは逆に和歌、俳句、茶の湯、生け花等の文化さらには文明があるからこそ特攻という行為が実行可能だったと言ってよいであろう。

C　芭蕉の俳諧における自然（他者）への没入

日本の日記、和歌、俳句等において、語り手つまり主体が他者や自然に没入する表現がよくあります。こういうことは西洋諸国や儒教国家等にはあまり見受けられないことなのです。この特徴を逆に述べれば主体が語っていた物語が、時々ある地点から、語られている他者や自然の方が語り出している、ないしはそのように見えるからです。これを要するに「物語り」に対して「物の語り」と言ってよいでしょう。第二章の第二節でのオギュスタン・ベルグ博士が自己と他者ないし自然との関係で、どちらを取るかの究極の選択を行う場合、日本人は欧米の常識に反して後者つまり他者ないし自然を取ると論述されていることに触れました。このように究極的には他者や自然を取る結果、日本では主体の「物語り」に対して「物の語り」というケースが生じるということなのです。

さらに言えば多様な一人称の存在と相まって、この没入する主体のあり様は、西洋の「吾思うゆえに吾あり」という前提に対して、日本では多種多様な一人称を持つところの吾であるため「吾思うゆえに吾なし」との前提の誕生に至っていることは容易に想像できることでしょう。

ところが、先述した日本のあらゆる文芸、日記、和歌、俳句等において、この他者や自然への没入とその結果として物の方が語る「物の語り」現象が日本の文学引いては文化の理解を難しくしてきたことは周知のことです。そして、多くの西欧人や儒教圏の人々にとっては奇異なものとしてとらえられ、日本異質論の根拠とみなす原因ともなったのです。何しろ「吾思うゆえに吾なし」の究極の論理なのですから。

一方明治以来、ラフカディオ・ハーンをはじめ多くの西欧人がこのような文学をはじめとした文化文明構造ないしは原理に魅せられ、日本の文芸をはじめとした文明を世界に紹介してくれたことは実に幸運なことでした。

さてここで、他者や物（事）に没入するような精神が今もあるということを申し上げなければなりません。最近では漫画やアニメの分野にそのことが特に表現され日本の若者だけではなく世界の人々に注目され人気を博していることは周知のことでありましょう。しかしこのことをファンタジックなものとしてあこがれる世界の人々も文明論的に価値づけることをあまりしてないのです。これも無理ない話で日本人でさえその作業をしていないのだから、当然のことなのです。本稿はそのことを説明するための一つの試みでもあるのです。

さて万葉集や茶の湯における、自己と他者や自然との関係やそこから生じる日本人の思想や倫理を述べました。しかし歌人でも茶人でもない人々には、まだ分かり難い面があると思われます。そこで江戸は元禄時代に芭蕉という日本文芸を高みにまで作り上げ、日本文明の枠を表現して見せた俳諧を説明することによって、日本の文化文明がいかなるものであるかをこの節の最後に説明しておきたい。けだし、日本でも俳句人口は大変多いのであるが、世界の人々も俳句という日本の文芸、文明をよく知っており、憧れをいだき、それぞれの国の言葉で俳句を作るに至っているからである。すなわち、俳句を説明することは、日本文明を理解させる道筋を示せる可能性大だと筆者には思えるからなのです。

つまり「『日本』（国）とは、そして『日本人』とは日本語のことなのだ」（石川九楊『縦に書け』（平成二五年、祥伝社新書）という原点に立って論述すれば、読者との共通認識を得ることは、古代言語の万葉集やかなり形骸化している茶の湯などよりさらに可能性のあることだと思われます。

ではこの節の最後に現代にまで通ずる主体没入の例を芭蕉の俳諧の中からいくつか挙げておきましょう。

命二つの中に生きたる桜かな　（野ざらし紀行の発句）

命なりわづかの笠の下涼み　（小夜の中山にて、俳諧江戸広小路）

先づ頼む椎の木も有り夏木立　（猿蓑）

草臥《くたび》れて宿借る頃や藤の花　（笈の小文）

まず、最初から三つ目までの句においては、桜、笠の下の下涼み（極少空間）、夏木立等三つの自然が中心となっており、人間は脇役ないし引き立て役となっている。つまり、作者たる主体は自然に没入していると言えよう。一方、最後の笈の小文の有名な藤の花の句は、他の句とは違って、芭蕉は別段対象への没入の意思を表しているのではない。逆に風景の方が、つまり藤の花の方が彼の主体を溶け込ませているのである。しかし、主体が消えるという点では同じである。また現代人が感じるであろうような、単に旅愁と春愁を誘うという視点からのみに解してはならない。けだし、そのような感情をいだく主体を溶け込ませるような力を、日本語においては、自然（藤の花）の方が有しているからです。

これらを単にアニミズムであると評するだけでは充分ではない。自分がいなくなっても桜や夏木立があればそれで良しとする思考、さらに言えば思想が垣間見える。ここから特攻に従事した青年らの論理に至るのはあと一歩である。

そして先程も述べた「『日本』（国）や『日本人』とは日本語のことである」という文明論的な大前提に立てば、民族それぞれの言語の性格は、それを日常使っている人々を知的、社会的、文化的に支配するだけではなくその民族の生理的な性格まで支配する、まさに構造基盤となっているのです。一人称が西洋諸民族のように一つではなく時と場所、そして実に多様な相手に応じてざっと数えただけで五十以上の主語として使い分けていることは先に触れたとおりです。さらに言うならば、このように多くの一人称を有するにもかかわらず、日本語は文法としては主語を必要としない言語であることは周知の事実です。このような極めて例外的な言語の性格が、日本人の自我意識をも作り上げているのです。西洋では「吾思うゆえに吾あり」とする生活や生理の感覚が普通ですが日本では「吾思うゆえに吾なし」が普通なのです。そうであるがために芭蕉はあのような自己が自然＝（他者）に没入するような句を詠んだのであり、特攻に従事した青年たちもその任務に自己を没入させ得たと言ってもよいのです。

レヴィ・ストロース

当然芭蕉の句が自然に没入することと、特攻の兵士の対象への没入は生命を投げ打つという点において百里の壁があることは間違いありません。しかし先程触れたように、『「日本人』とは日本語のことである」と言う文明論的な大前提に立てば、民族それぞれの言語の性格は、常日頃それを使っている人々を知的、社会的、文化的に支配するだけではなく、その民族の生理的な性格まで支配するものであるならば、芭蕉と特攻兵士の中にある壁は、他の文明のそれよりもはるかに、ないしはかなり低いものと言ってよいでしょう。

ところで、レヴィ・ストロースはソシュールの構造主義的言語学にヒントを得て構造主義的人類学を構築したのは周知の事実です。レヴィ・ストロースは日本を奇跡のような国であると同時に、残念なことに比類がないと言っておられます。おそらく短歌、俳句はもちろん茶の湯、連句についても彼は聞き及んでいるはずだと思われます。従って、そこで展開されている主体（自我）のあり様が日本人の幸福に至る思想といってよい原点であることを彼にはわかっていたのでしょう。このことはまた機会があれば論じてみたいと思っています。

在宅医療から見えてくるもの
西洋近代文明の陥穽とその超克⑮

誰もが皆同じように連続（アナログ）と不連続（デジタル）との間で迷っている

医師 福山耕治

連続と不連続（アナログとデジタル）

あなたは一体いつから「大人《おとな》」になったのだろうか？ ここで言う「大人」とは法律上の成年のことではない。話をややこしくしないために「自分の中で」ということにしよう。まだなっていないという読者もいるかも知れない。大人にはいろいろな定義があると思うが、ここでは「十分に成長した人」「考え方や態度が十分に成熟していること」「思慮分別があること」とする。きっと人は、社会に出て働いて世間の荒波に揉まれたり、大切な人との別れを経験したり、自分より若い人を育てたりするうちに大人になるのだろう。

では大人になったことをいつ自覚するのだろうか？ 気が付けば大人になっていたということがほとんどで、大抵の人には明確にこの瞬間に子供から大人になったという瞬間は存在しないだろう。それは、例えるなら「何時何分何秒に昼が夜になった。」というように昼と夜が切り替わる瞬間を指摘するようなものだ。昼と夜は連続していてその間に切れ目は存在しない。いくら真剣に考えても答えは出ないだろう。昼と夜の間には黄昏時《たそがれどき》が拡がっている。逢魔が時《おうまがとき》とも言う。大人と子供の間には思春期がある。

諸行無常。万物流転。何もかも変わってゆく。変わらないことがあるとしたら、それは例外なく全てが変わっていくということだろう。物事は常に移り変わる。永遠はどこにもない。その変化が微々たるものだとしても、一見静止しているように見えるくらいゆっくりでも、物事は時々刻々と変化していく。気が付けば、昼は夜になっているし、子供は大人になっている。つまり、自分を取り巻く環境も自分自身も同じように変わってゆく。

曖昧模糊《あいまいもこ》とした連続（アナログ）の物事に白黒をつけ不連続（デジタル）にすること。つまり、大人か子供かはっきりすること、昼と夜を分けること。それらは果たして必要なことなのだろうか？別に困りはしないのに？と考える人もいるかも知れない。「言わぬが花、知らぬが仏」とも言う。もちろん、白黒をつけない方が都合が良い場合もあるだろう。また、白黒をつけることには苦痛を伴うことも少なくない。

だが世の中はそれを許してはくれない。白か黒か決断を迫られることもしばしばある。例えば、プロスポーツでは往年のスター選手でも歳を取って成績が下降していけば引退の決断を迫られる。成績が保たれているうちに引退を決断する選手もいれば、チームから必要とされなくなっても現役継続を希望する選手もいて、絶対にこれが正しいという切れ目は存在しない。でもいつかは自分で決断しなければならない。人はこのように連続（アナログ）と不連続（デジタル）との間で揺れ動く。これは医療においても同様だと言える。

グレーゾーンの苦悩

今、筆者の目の前であなたが突然意識を失って倒れたとしよう。病院の外であれば、筆者は一次救命処置（BLS:basic life support）を開始しなければならない。すなわち、周囲の安全を確認するとともに大声で叫んで助けを呼び、周囲の人に119番通報とAED（自動体外式除細動器）の手配を頼み、あなたの呼吸を確認して呼吸がなければ心肺蘇生法（心臓マッサージと人工呼吸）を開始する。

もしも病院の中であれば、酸素吸入やアンビューバッグ（バッグバルブ換気用装置）、心電図モニターや薬品などを駆使した二次救命処置（ACLS:advanced cardiovascular life support）を開始するだろう。いずれにしても最大限の努力で救命救急に取り組むことは間違いない。急場をしのげばその後に回復する可能性を見込める。

ではこれが老衰や癌の末期状態の患者さんだったらどうだろう？急に意識がなくなっても、呼吸が停止しても、病院外であろうと病院内であろうと、筆者は救命処置を行わないだろう。不可逆的な衰弱の果てに心臓や呼吸が停止しているので急場をしのいだとしても回復が見込めない。無理な蘇生処置は却って有害となる。これまで頑張って生きて人生の終焉を迎えようとしている人にこれ以上の努力を強要するようなことになりかねない。この場合は、自然死あるいは病死として死亡診断を行うだろう。

高齢者医療の困難な点は、ここにある。高齢の患者さんが急変した時、救命処置をするのか？それとも緩和ケアをして看取るのか？唐突に白黒を迫られる。一口に高齢者といっても、90歳代でも元気で生活も自立していて社会活動をしている人もいれば、70歳代前半でもベッド上寝たきりでコミュニケーション困難な人もいる。単純に年齢だけでクリアカットに決定することはできない。

そして、これは救命処置に限らず、見つかった腫瘍を精査するか？手術を受けるか？食べられなくなった時に経管栄養や中心静脈栄養をするか？救急車を要請するか？などいろいろな局面でも同様であり、白黒をはっきりさせなければならない状況が現れる。明らかに元気な人や明らかに末期状態の人であれば判断しやすいのだが、多くの場合は白でも黒でもない言わばグレーゾーンに該当する。つまり、白と黒の間の連続したグラデーションの一点で白か黒を決めなければならない。

そして、同じ一人の患者さんでもゆっくりと変化が進んでいる。日単位、週単位、月単位で要介護度は進む。先月まで救急医療を希望していた人が、来月には緩和ケアを望んでいるかも知れない。状況は時々刻々と変わっていく。このように、グラデーションに「時間変化の問題」が加わる。

そして更に、「主観と客観の問題」もある。基本的には診療の意思決定権は患者さんご本人にあるが、高齢者医療においては認知症などのためご本人の意思が確認できない場合や、意思表示が可能であっても判断能力に問題がある場合があり、医師と家族で相談して決定しなければならない状況が稀ではない。

同じ灰色を見ても白と言う人もいれば黒と言う人もいる。「延命治療は希望しません。」という人は多いが、その「延命治療」が具体的に何を指すのかは人によって異なっている。ご本人の主観的な判断を周囲の人間で代行することは難しい。ぼんやりとした社会的合意（コンセンサス）はなきにしもあらずだが、はっきりとした（客観的な）基準は存在しないし、医師の考えも家族の考えもそれぞれの主観に過ぎない。

歩きながら考える

医療は日進月歩で高度化していき以前ならどうにもならなかった病態を治療できるようになった。それはそれで良いことだが、良いことばかりとは言えない。外科的に身体に切除を加えたり、皮膚・身体の開口部に器具を挿入したりと、高度な医療は少なからず身体や心に負担を与えてしまう。そして、いくら高度医療を頑張ったとしても最終的には死を回避することはできない。どこまでを病気としてつらい検査や治療を頑張っていただくのか？どこからを自然の老病死として受け入れていくのか？グレーゾーンという逢魔が時に立ち尽くし「時間変化の問題」「主観と客観の問題」に悩まされてしまう。

負担のある検査や手術、栄養法に蘇生処置。これらはどれもその時になってみないと分からないし、その一方で急に決断を迫られてもどうして良いか分からない。このような白黒を決めないといけない状況が後出しジャンケンのように次から次へと現れる。西洋近代文明の陥穽、それは高度化したテクノロジーにより白か？黒か？という難題を次々と突きつけられることである。

医療と介護の現場には「歩きながら考える」という言葉がある。時々刻々と状態が変化する中で、その時々で考えながらバランスを取っていくしかない。医師は、患者さんや家族と一緒になって歩きながら、一歩先から半歩先のタイミングで次の白黒の難題について注意喚起し、もしも決断を迫られた時には患者さんや家族が適切なバランスを取れるように病態や検査・治療のメリット・デメリットを正確に説明するしかない。

そして、患者さんや家族が決断を下した場合には、その決断を支持し、決断に伴う苦痛を緩和することが必要である。誰もが皆同じように連続（アナログ）と不連続（デジタル）との間で迷っている。

【書評】

『日本民族の叙事詩』

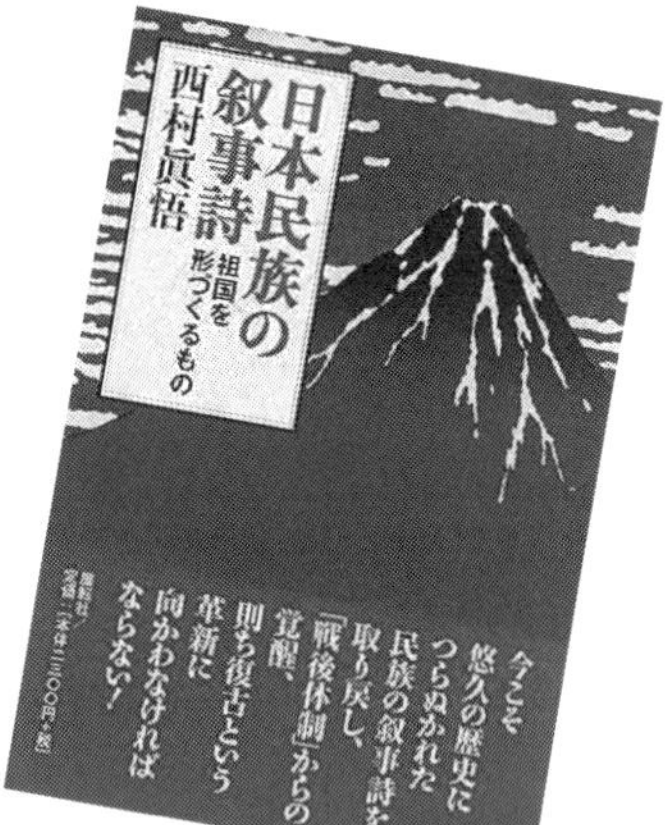
日本民族の叙事詩
祖国を形づくるもの
西村眞悟
今こそ
悠久の歴史に
つらぬかれた
民族の叙事詩を
取り戻し、
「戦後体制」からの
覚醒、
即ち復古という
革新に
向かわなければ
ならない！

西村眞悟 著
展転社刊
2,530円（税込）

本書は尊敬する西村眞悟先生の新著である。先生には弊誌の大阪支部長も務めて頂いている。四百頁を超える浩瀚の書である。

本書の内容は戦中戦後の歴史や憲法、アメリカの占領体制など多岐に亘り、保守系の本を読んでいる読者ならどこかで聞いたことがあるような話だが、しかしそれらの話を掘り下げ、原資料を駆使しながら重厚な筆致で記しているので、己の一知半解の知見を締め固める上で最良の書だ。

著者は、元衆議院議員を務められ安倍元首相の当選同期であるという。だから安倍氏の明暗を間近で見られてきた立場として、氏に対しては、なかば愛憎半ばする想いを抱いておられる様だ。そのことを伺わせるのが、4月28日に安倍政権が先帝陛下のご臨席を仰いで開催した主権回復記念式典に対する評価だ。

筆者などは、こんな記念式典など、半独立の国家で主権など回復していない我が国の現状を隠蔽するために天皇陛下を政治利用した単なる茶番だと見なしているが、著者はこれと異なり、昭和27年の4月28日までは我が国に主権がなかったことを首相自らが明確にし、そのような主権がない状態で制定された現在の憲法など無効であることを証明したという意味で肯定的に評価しているのである。

おそらくこれは著者なりの安倍元首相に対する皮肉めいた称賛ではないかと思うのである。他にも著者は、悪名高い村山富市首相の謝罪談話の露払いをした衆議院での謝罪決議に際して、「安倍晋三君」も起立して賛成していた事実を暴露している。参考までにこの謝罪決議（正式名称は「歴史を教訓に平和への決意を新たにする決議」平成七年六月九日）を引用する。

「本院は、戦後五十年にあたり、全世界の戦没者及び戦争等による犠牲者に対し、追悼の誠を捧げる。

また、世界の近代史上における数々の植民地支配や侵略的行為に思いをいたし、我が国が過去に行ったこうした行為や他国民とくにアジアの諸国民に与えた苦痛を認識し、深い反省の念を表明する。

我々は過去の戦争についての歴史観の相違を超え、歴史の教訓を真摯に学び、平和な国際社会を築いていかなければならない。

本院は、日本国憲法の掲げる恒久平和の下、世界の国々と手を携えて、人類共生の未来を切り開く決意をここに表明する。」

（折本龍則）

鈴木宣弘『このままでは飢える！』（日刊現代、1650円）

戦後日本は「お金を出せば食料は輸入できる」という発想の元、農業を軽んじ第三次産業を育成してきた。しかしウクライナ戦争や異常気象などにより、この前提が崩壊しつつある。こうした時代認識の元、劇的に農業に対する考え方を変えていかなければならない。さらに言えば、日本の食料自給率はカロリーベースで38％だ。これ自体あまりにも低く由々しき事態だが、タネや肥料の輸入を考えれば、実態は4％程度に過ぎないと鈴木教授は指摘している。すべて「国民の安心・安全を確保する手段としての食」という発想を忘れ、自由貿易・市場主義を絶対の真理としてしまった為政者たちによって、生産は軽んじられ、農業は少子高齢化で衰退してきている。

そして、日本は少子高齢化に苦しんでいるが、世界人口は増え続けている。2100年頃に110億人に到達するのではと言われており、それだけの人を食べさせるだけの食料をどうやって確保するのか、現状で既に買い負けしている日本が生き残っていけるのか等課題は山積している。いままでの農政の延長では全くダメで、ドラスティックな発想の転換をしていかなければならないのだ。

鈴木教授が紹介するのは「野田モデル」である。これは生産者と消費者を直接つなげることで生産者に利益を確保させようというもので、直売所を多数運営する和歌山県田辺の野田忠氏にならってつけたものである。流通大手を通すと、価格決定権が流通業者に左右され、買いたたかれてしまう。ここを通さず直に消費者とつながることで、生産者、消費者、地域、従業員の「四方よし」を実現させているのだ。いうまでもなく食料生産は命の源であり、それを弱肉強食の新自由主義から決別した形で実現できることは大変貴重なことだ。戦後、アメリカは、日本がアメリカに食料供給を依存する体制に作り替えられた。「食料は武器であり、標的は日本だ。直接食べる食料だけでなく、日本の畜産のエサである穀物をアメリカが全部供給するように仕向ければ、アメリカは日本を完全にコントロールできる」。アメリカはこうした発想で日本の農政を脆弱にした。農業にも対米従属が深く根を張っており、それが日本を弱体化させたのだ。食料を自給できる体制に早急に転換しなければならない。（小野耕資）

孫崎 享『同盟は家臣ではない』（青灯社、1980円）

いま世界の多極化が着実に進んでいる。ところが、日本はこの動きから目を背け、ひたすらアメリカへの追従を続けようとしている。著者は「米国・欧州支配の時代は終わる」という認識に立っている。

「産業革命以降、欧米諸国が世界の主導権を握ってきた。しかしこの流れは変わる」、「2022年3月24日IMFはワーキング・ペーパIとして『ドル支配のステルス侵食』を発表し、その中で『外貨準備金におけるドルの交代が発生している。興味深いのはこの後退は英ポンド、EU通貨、日本円等に代えられているのではなく、中国元やその他大国でない国々の通貨の蓄積という形態をとっている』と指摘している」

そして著者はドル覇権の崩壊と政治における米国覇権の崩壊が同時に生じていると主張し、中国やアジア新興国の発展状況を数値によって客観的に示す。

「アメリカは中国に抜かれないと主張する米国知識人もいる。その代表はナイ・ハーバード大学教授だ。…ナイ教授は偉大な学者ではあったが、観念的に走り、経済、安全保障の実態認識が現状と遊離してしまっている」（124頁）

さらに著者は「中国は物づくり、金融は米国」というこれまでの一般的観念を退ける。

〈実は中国は金融でも強くなった。「物づくり」が強ければ、金融が強くなる。それはかつて日本の歩んだ道である。……中国の銀行もいつの間にか、世界最強の仲間入りをしている〉と指摘し、世界の主要金融機関の総資産ランキングで、JPモルガンチェースなどを抑え、中国工業銀行、中国農業銀行、中国建設銀行、中国銀行が1位から4位を独占している現実をつきつける（133頁）。

著者は、米国の覇権崩壊が進む中で日本は国益に合致した対米関係を築けと訴える。著者の主張は、「同盟は家臣ではない」に集約される。この言葉はフランスのマクロン大統領の発言に由来する。

いまこそ、日本人はアメリカや西側の主張を垂れ流す日本のメディアを疑い、独自の情報源に基づいて世界の現実を直視する必要があるのではなかろうか。（坪内隆彦）

野村秋介一門会

南出喜久治法律事務所

弁護士

南出喜久治

604—0093

京都市中京区新町竹屋町下る
徹ビル2階

電話　075—211—3828

mwest@gold.ocn.ne.jp

大夢舘
舘主
鈴木田愚道

本誌神奈川支部長
道下秀樹

衆議院議員

福島伸享

100—8982
東京都千代田区永田町2—1—2
衆議院第二議員会館419号室

元衆議院議員

西村眞悟

590—0037
堺市堺区北丸保園3—1

元日本郵便副会長

稲村公望

日本学協会

小村和年

737—0003
呉市阿賀中央6丁目1—20—206
電話 090—6138—8158

新しい教科書をつくる会
代表理事

高池勝彦

112—0005
東京都文京区水道2—6—3
（社）日本出版協会ビル203

西郷隆盛に学ぶ
敬天愛人フォーラム21
代表世話人

内弘志

101—0047
千代田区内神田3—22—6—4F
電話 03—3252—3153

謹賀新年

『維新と興亜』の趣旨に賛同し、
道義国家日本の再建を目指します。

元航空幕僚長
田母神俊雄

谷秦山先生墓所所在
高知県香美市長
依光晃一郎

熊野飛鳥むすびの里
代表
荒谷卓
658―0053
三重県熊野市飛鳥町150
電話 080―1058―7845

中川哲生

三島由紀夫研究会
108―0073
東京都港区三田2―9―5
みずほビル2階

祖国再生同盟
代表
木原功仁哉
658―0053
神戸市東灘区住吉宮町3丁目15番15号
グランディア住吉駅前4階西号室

謹賀新年　『維新と興亜』の趣旨に賛同し、道義国家日本の再建を目指します。

奈良県御所市議会議員
杉本延博
639―2217
奈良県御所市新地町161番地

神奈川県大和市議会議員
古木邦明
242―0002
大和市つきみ野3―3―11
furukikuniaki@gmail.com

山口県防府市議会議員
石田卓成
747―0062
防府市大字上右田1068―5
電話　090―4650―4324

山口県岩国市議会議員
石本崇

（株）二十一世紀書院函館社友会
嶋田不二雄

池田剛久

医師
福山耕治

株式会社二十一世紀書院
論説委員
林雄毅

表現者
クライテリオン
criterion
「危機」と対峙する保守思想誌
啓文社書房
03―6709―8872
info@kei-bunsha.co.jp
https://the-criterion.jp

季刊『宗教問題』編集部
宗教の視点から社会をえぐるノンフィクション・マガジン
134―0084
東京都江戸川区東葛西5―13―1―713

小山俊樹

土佐政経研究所
780―0841
高知市帯屋町一―一〇―一三

昭和維新顕彰財団

大夢舘日誌

令和五年十月～十一月

一般財団法人昭和維新顕彰財団は、神武建国から昭和維新に代表する「日本再建運動」に挺身した先人の思想と行動を顕彰・修養・実践を行うことを目的に設立されました。本財団は会員、有志の方々の支援により、岐阜護国神社内に「青年日本の歌」史料館を開館したことをはじめ、これまでに様々な活動を行っています。

「大夢舘日誌」は、事務局のある岐阜県の大夢舘から、財団の活動について報告していきます。この日誌によって、財団に対する一層の理解が頂けましたら幸いです。

（日誌作成・愚艸）

十月十四日

岐阜護国神社内にある「大夢の丘」の清掃奉仕を、事務局と有志で実施した。

十一月十一日

十月二十五日が三上卓先生の命日であることに合わせ、三上卓先生歿後五十二年並びに関係物故者慰霊祭を大夢舘内の祖霊社にて斎行。

慰霊祭斎行後、今後の財団運営方針や大夢祭運営について執行部会議を行った。その中で、新理事として國學院大學教授・菅浩二氏（専攻は宗教学、近代神道史）就任が決議された。

会議終了後は懇親会及び当財団理事・花房東洋の喜寿の祝いが家族、関係者で行われた。

十一月十二日～十五日

ドキュメンタリー映画「検証　五・一五事件　君に青年日本の歌が聴こえるか」の撮影のため、坂下正尚監督と撮影スタッフ、三上卓役の俳優・本田菊雄氏はじめ出演者が岐阜に集まり、4日間撮影が行われた。五・一五事件における犬養毅首相暗殺の場面や法廷での証言場面が水琴亭や大夢舘において撮影された。

映画公開は来年予定。問い合わせや寄付金については大夢舘（058―252―0110）まで。

十一月二十三日

京都大学の西部講堂において、俳優・本田菊雄氏による独り芝居「三島由紀夫　招魂の賦」が上演された。劇は作家、行動家としての三島由紀夫の半生を描いたものである。

本財団評議員・岡本晟良をはじめとして有志が上演に協力していたが、当日は百五十名以上の観客が来場、本田氏の演技に見入っていた。

活動報告

・坪内隆彦編集長、小野耕資副編集長、山本直人編集委員が日本学協会東京崎門祭に参列。（十月二十二日）

・維新と興亜塾**柳田国男の民俗学―農・神道・アジア**（講師：小野耕資）第二回（十月三十一日）、第三回（十一月二十一日）

・折本たつのり県政報告会。多様性尊重条例について**山岡鉄秀氏の講演**。（十一月十二日）

・折本龍則発行人が東亜同文会設立の功労者であり教育家の**柏原文太郎墓参**。1907年に結ばれた日仏協商によって日本政府がベトナム人留学生に対する取り締まりを強化する中で、柏原は留学生たちを庇護した。（十一月二十一日）

折本龍則発行人（柏原文太郎墓前で）

・坪内隆彦編集長、小野耕資副編集長が**一水会主催「三島由紀夫・森田必勝両烈士追悼恢弘祭」**に参列。（十一月二十四日）。

・小野耕資編集長が**調布史の会**で「明治維新とは何だったのか」と題して講話。陸羯南の国際論に基づいて「現代的蚕食」について警鐘を鳴らした（十二月十六日）

調布史の会で講話する小野耕資副編集長

※活動はyoutube「維新と興亜」チャンネルでも公開

読者の声

■第二十一号では、日本学協会の小村和年氏へのインタビュー記事が印象に残った。特に、近藤啓吾氏による安岡正篤に対する批判については、この記事で初めて知った。安岡氏は、終戦の詔勅の作成に携わったことで知られるが、そのことを自分で喧伝していたことに対して、近藤氏は怒りを持っていたという。近藤氏は平成二十九年に亡くなられたが、もしご存命であれば、平成から令和にかけてのあの改元騒ぎをいかに評されたであろうか。

（本荘秀宏）

■11月号に掲載された頭山興助氏の「祖父頭山満の大アジア主義」と石瀧豊美氏の「頭山満の『日中不戦の信念』」を読み、頭山満が日中和平にとても強い思いを抱いていたことを初めて知りました。ありがとうございます。

（田中義男、東京在住）

読者の皆様からの投稿をお待ちしています。
二百字程度の原稿をお送りください。

編集後記

★令和五年十一月末に鹿児島県の屋久島沖で米軍の輸送機オスプレイが墜落、日本の政府関係者は安全性が確認されるまで飛行を停止するよう米軍に求めました。しかし、普天間飛行場ではオスプレイが離着陸を繰り返しました。日本に対する明らかな主権侵害です。保守派、愛国派を名乗るならば、まずこの問題を厳しく糾弾すべきです。

★いよいよ「食料・農業・農村基本法」の改正案が令和六年の通常国会に提出されます。改正について、自民党の森山裕総務会長は「食料安全保障の強化」を強調し、安い農産物を海外から仕入れることが効率的だとするこれまでの新自由主義的な考えから転換を図ることが大切だと語っていました。この言葉通りに改正が行われるのかを注視していきたいと思います。

★稲村公望氏に奄美復帰の歴史について語っていただきました。「奄美のガンジー」と呼ばれた泉芳朗の戦い方を知り、アメリカを動かすためには国際世論に訴えることが重要なのだと改めて思いました。

（T）

≪執筆者一覧（掲載順）≫

坪内隆彦	（本誌編集長）
折本龍則	（千葉県議会議員・崎門学研究会代表）
小野耕資	（本誌副編集長・大アジア研究会代表）
早尾貴紀	（東京経済大学教授）
川口智也	（YouTube:「JT3 Reloaded」運営）
クリストファー・スピルマン	（帝京大学元教授）
山崎行太郎	（哲学者）
伊藤　貫	（国際政治アナリスト）
ジェイソン・モーガン	（麗澤大学准教授）
稲村公望	（元日本郵便副会長）
浦辺　登	（一般社団法人 もっと自分の町を知ろう 会長）
西村眞悟	（元衆議院議員）
小川寛大	（『宗教問題』編集長）
木原功仁哉	（祖国再生同盟代表・弁護士）
杉本延博	（奈良県御所市議会議員）
倉橋　昇	（歴史学者）
川瀬善業	（株式会社フローラ会長）
玉川可奈子	（歌人）
屋　繁男	（歌人・評論家）
福山耕治	（医師）

道義国家日本を再建する言論誌
維新と興亜 一月号
令和五年十二月二十八日　発行

編　集　崎門学研究会
　　　　大アジア研究会
発行人　折本龍則（望楠書房代表）
〒279-0002
千葉県浦安市北栄一―一六―五―三〇二
TEL 047-352-1007（望楠書房）
Email mail@ishintokoua.com
URL https://ishintokoua.com

印　刷　中央精版印刷株式会社

9784910773179
1920095006505
ISBN978-4-910773-17-9
C0095 ¥650E
望楠書房
定価：[本体 650円＋税]

維新と興亜

令和六年一月号【第二十二号】

定価：[本体六五〇円＋税]